经管新概念系列

如何战胜
强大的对手

战胜强大对手的黄金法则

[美] 保罗·W.弗劳尔斯　著

李笔智　译

Vnderog
Advertising

中国社会科学出版社

图书在版编目（CIP）数据

图字：01-2008-1716 号

如何战胜强大的对手/〔美〕弗劳尔斯（Flowers，P. W.）著；李笔智译 . —北京：中国社会科学出版社，2009. 1

书名原文：Underdog Advertising

ISBN 978-7-5004-7384-8

Ⅰ. 如… Ⅱ.①弗…②李… Ⅲ. 小型企业—企业管理 Ⅳ. F276. 3

中国版本图书馆 CIP 数据核字（2008）第 174358 号

出版策划	任　明
特邀编辑	成　臻
责任校对	安　树
封面设计	弓禾碧
技术编辑	李　建

出版发行	中国社会科学出版社		
社　　址	北京鼓楼西大街甲 158 号	邮　编	100720
电　　话	010—84029450（邮购）		
网　　址	http：//www. csspw. cn		
经　　销	新华书店		
印　　刷	北京奥隆印刷厂	装　订	广增装订厂
版　　次	2009 年 1 月第 1 版	印　次	2009 年 1 月第 1 次印刷
开　　本	880×1230　1/32		
印　　张	7		
字　　数	124 千字		
定　　价	24. 00 元		

目　录

第九章

　　准则五：巧选战场 ……………………………… 81

第十章

　　准则六：集中开支 ……………………………… 93

第十一章

　　准则七：稳定执行 ……………………………… 103

第十二章

　　准则八：展示价值 ……………………………… 113

第十三章

　　准则九：速度惊人 ……………………………… 121

第十四章

　　准则十：耐心等待 ……………………………… 131

第十五章

　　强势广告品牌效应 ……………………………… 135

第十六章

　　黑马战术启示录 ………………………………… 151

第十七章

　　再说大卫与歌利亚 ……………………………… 169

附录一　弱势广告客户客户学使用手册 …………… 177

附录二　强势广告品牌效应工作表 ………………… 203

致谢 ……………………………………………………… 209

前　言

　　世界上有两大广告客户。一类是强势广告客户（弱势竞争者），我们知道，有一些公司的广告预算大得惊人，怎么用都用不完，这些公司就是强势广告客户。剩下的就是我们这些弱势广告客户（弱势竞争者）了。假如你曾有过类似下面的经历，那么你就是弱势的那部分广告客户了：

- 你的竞争对手的产品卖得比你好；
- 你的竞争对手在广告上的投资比你大；
- 你的产品知名度小；
- 你的产品市场占有率低；
- 你的广告预算少。

　　想想自己有过类似的经历吗？要有的话，你就有伴了。三十多年的广告投资经验告诉我，几乎每一位商人都被一两种或是更多种类似的经历困扰。你是不是碰到过竞争对手卖东西比你卖得好？百事可乐也碰到过。你是不是被竞争对手弄得筋疲力尽？福特也一样。你的竞争对手是不是因为产品的高知名度而受益匪浅？汉堡王也为这事发愁。由此可见，广告公司的主要客户还是弱势广告客户。也许你不像福特那么强，也没有百事可乐那么大的广告开支；尽管如此，你还是可以参与市场竞争并占有一席之地。

当弗劳尔斯市场合作开发中心刚成立时，我就想：再也没有比在 1984 年得克萨斯州的达拉斯（Dallas）做一笔新买卖更合适的时机了，无论做什么生意都能赚钱，我都准备好大赚一笔了。不幸的是，1985 年的经济大萧条持续了 5 年之久，直到 1990 年整个美国东南部的经济都一蹶不振。广告业首当其冲，原因很明显：企业力求降低生产成本，广告支出势必大幅度降低。

所谓"城门失火，殃及池鱼"，像我们这样的小公司也备受牵连。为了公司的生存，我们必须争取每一位客户，哪怕他们只是经过公司门口，哪怕他们中没有一家是龙头企业，实际上，他们连第二、第三、第四大企业都不算。说白了，他们就是弱势广告客户。

鉴于我们所有客户的情势都与大卫①相似，都敢于挑战他们行业中的歌利亚②，所以为了帮助他们，我们必须摆脱传统

---

① 大卫（Davids），《圣经》故事中的人物，年少时击败非利士巨人歌利亚，成为犹太以色列国国王，本书特指弱势竞争者或弱势广告客户。——译注

② 歌利亚（Goliath），《圣经》故事中的人物，非利士巨人。本书特指企业强敌或强势广告客户。——译注

模式的束缚,不然我们自己的企业也很危险。在努力帮助他们的同时,我们发现自己也在用具体可行的市场策划帮助其他的弱势广告客户。

《如何战胜强大的对手》的灵感来自从前的一位客户,我们邀请他听取并评价我们公司的广告策划,事后他这样回复我们:"恭喜你!先生,贵公司的广告策划和其他广告公司没什么不一样的。"

这位客户认为我们真正做得好的一点就是合理进行广告预算,并使客户看上去比实际情况更好。这么做最终会使客户们觉得自己工作得越卖力,成就也会越大。

从这位客户对我们广告策划的评价中,我总结出以下两点:第一,当我们得知自己和其他广告公司的策划没什么区别的时候,确实有那么一点儿尴尬。毕竟我们要求自己的客户力求新颖独特,表现自我时更是要与众不同,争取胜人一筹。虽然我们这样提醒了客户,可自己却忽略了这一点——模仿对手的广告策划。

第二,在为弱势广告客户开发市场规划的同时,我们发现自己经常用到一些战略明确且独富创意的准则。虽然没做过系统的总结,不过我们还是知道这些准则,并能合理地利用它们。因此这对我们而言,也是一大进步。我们致力于服务弱势广告客户,而且只服务弱势广告客户,强势广告客户就让其他广告公司服务去吧！要知道，跟少数强势广告客户相比，弱势客户占到了绝大部分。我们深信自己发现的这些准则可以成功地为弱势广告客户服务，因而我们对此系统地总结了一下，成果就是你眼前的这本书。

我把《如何战胜强大的对手》准则分成了三大板块：

1. 弱势广告客户准则

《如何战胜强大的对手》有十大准则。这些准则能够指导并帮助弱势广告客户投身市场竞争并取胜。

2. 强势广告品牌效应

品牌如今已经不仅仅是商家口中的时髦词汇，它是每一位弱势广告客户克敌制胜的必备品，是他们迫切希望在顾客心目中留下印记的印象品。运用《如何战胜强大的对手》的这一准则，可以帮助弱势客户开发自身品牌，提升品牌效应。

3. 黑马战术

对弱势广告客户来说，运用传统的市场推销方案来占有市场是一笔不小的开支。要吸引消费者，就必须找到独特的方式方法让自己在竞争对手中脱颖而出。《弱势广告客户学》准则独创性的市场开发战略能满足你梦想达到的效果——广告成果出人意料，广告开支合理有效。

本书的宗旨是让《如何战胜强大的对手》的准则在市场中发挥作用，避免庞大的广告开支；至于其他，本书不会赘言。

在此，我由衷地希望读者朋友们能在本书中找到有效战胜竞争对手的方法。

　　欢迎品阅《如何战胜强大的对手》。

保罗·弗劳尔斯

第一章

　　歌利亚从非利士营出来挑战以色列军队。他是个 9 尺高的巨人，头戴铜盔，身穿 125 磅的铠甲，腿上有铜护膝。他背着一柄铜枪，枪杆粗如织布机的机轴，枪头重达 15 磅。有个士兵拿着他的盾牌，走在他前头。

　　歌利亚站在以色列军队前，大声对他们喊道："你们全都出来干什么？选个代表出来替你们出战，我代表非利士人，我们用决斗解决这事儿！"

——《旧约·撒母耳记》

弱势广告客户的代表人物

或许，这是你第一次看到用《圣经》典故开头的广告书籍。不过这里确实大有学问，请随我们一起看看吧。要知道，你也可能在生意场上碰到一两个"歌利亚"。

大约是公元前 600 年，有个犹太小孩打败了一个巨人，成了以色列的国王。自那以后，这个叫大卫的孩子就激励着世界各地的弱势广告客户。

这个故事基本上是尽人皆知的，不过考虑到大家有可能不怎么记得了，所以我们再讲一遍。

是这样的，大卫觉得自己可以打败歌利亚，于是就请示以色列国王，要求与歌利亚决斗。国王答应了他的请求，并赐予以色列最好的兵器。不过大卫拒绝了那些顶尖的兵器，反倒在小溪里捡了 5 颗光滑的石子儿装进口袋里，拿着一根放羊棍和一把弹弓，就去挑战歌利亚了。

在歌利亚还没弄明白怎么回事时，大卫已经发动了进攻——他用装了石子儿的弹弓疾速有力地向歌利亚的头射去。歌利亚拜倒在地，而大卫则名扬史册。

千百年来，大卫就是弱势广告客户心目中的英雄。从表面上看，这是一个简单得不能再简单的故事：一个小孩击败了一个巨人。但是，往深层次想想，故事里有些理念对弱势广告客户还是有所启示的。

在谈理念前，我们先就大卫和歌利亚的故事做些补充和说明。

先说歌利亚。他是一个身高9尺的巨人勇士，身穿125磅的盔甲。就这样一个年轻人，绝对是所有美国橄榄球赛教练心中的最佳防卫端锋人选。歌利亚手中的枪有织布机的机轴那样长——鉴于我们都没用过织布机，在这里说明一下：织布机机轴是8尺长。另外，这支枪上还有一个重达15磅的枪头。（据相关资料记载，奥运会男子铅球世界纪录是73英尺8.75英寸。运动员使用的铅球和歌利亚的枪头是一样重的。我敢保证歌利亚投枪的距离能远远超过74英尺。）

故事接着提到了那个给歌利亚拿盾的士兵，不过《圣经》史学家一致认为这个盾太大了，最少要两个人才能抬起来。最后又提到了歌利亚是位久经沙场的老将。非利士人很聪明，当他们一见到歌利亚这个小伙子，当下就察觉到他能成为一名优秀的勇士，于是他们开始培养歌利亚，让他为军队效力。

再说故事的另一位主角大卫。他是个放羊娃，年纪太小，所以不能加入以色列军队。外表上看，他不够大，又没打过仗。但这些并没难倒大卫。为了保护羊群，他跟野兽都搏斗过。所以当歌利亚看起来只比熊啊、狮子呀大那么一点时，他就不再那么恐惧了。跟自己搏斗过的野兽相比，大卫没理由怕歌利亚。

遗憾的是，决斗还没开始就结束了。大卫攻击歌利亚的速度之快，方式之特别，让歌利亚十分吃惊，不过他输了，而大卫则声名远扬长达 2500 年。

正如大家期待的那样，我们从大卫和歌利亚身上得出了一些宝贵的商业理念。

首先，我们每个人都会遇见歌利亚。不管我们多么强大，多么成功，总有些人比我们更强大，更成功，也更富有。因此要想在商场上有所发展，有所成就，你最终都会碰见歌利亚。要知道，他一直在那儿，在通往你成功的道路上，在销售环节上，在市场份额里，在意识形态中。

大卫从未怕过歌利亚。有趣的是，你会发现，传说中能战胜巨人的往往都是小孩。别管他们是谁，在他们看来，一块小石头就是能打败 8 尺长的铜枪。弱势广告客户必须要有挑战强势对手的勇气，并坚信自己一定可以做到。

第二，大卫没跟歌利亚硬碰硬。他放弃了传统的战斗方式，如果你的对手手里有把 8 尺长的铜枪，那么拿把 4 尺长的枪剑跟他较劲显然是不自量力。记住，要是在某一方面不占优势，就想想在其他方面是否具有优势。

第三，战斗前，大卫已经有了全盘计划。开始投入战斗前，大卫就清楚地知道该怎样去对付歌利亚。

第四，大卫选择的兵器是自己惯用的。选兵器时，大卫挑的是自己平时就常用的那些，而不是从未接触过的兵器，尽管那些兵器的设计更好，更适用于战斗，但他没犯常人容易犯的错误。

最后，大卫够专一。他上战场时，不是是件兵器就带着，而是拿了自己最擅长的那个。他心里清楚这件兵器足以打败歌利亚。事实上，用弹弓把歌利亚打倒后，大卫还是要用歌利亚的兵器去解决他。

搏斗结束了，大卫获胜。后来，他娶了国王的女儿，得到以色列王的称赞，成了历史上弱势广告客户的代表人物。可能是巧合，也可能不是。不管怎么样，在今天的商业界、广告界，大卫奉行的那些行事准则依然适用。

除了以上这些理念，本书还将介绍一些与此相关的经营管理方法，帮助每一位弱势广告客户在商场中大获全胜，就像大卫战胜歌利亚那样。为此，如果阁下已经厌倦了强势的压力，那么就随我们一起阅读本书吧！

第二章

大多数美国人是支持弱势广告客户的，不过前提是他们必须有成功的可能。

——比尔·沃恩
《堪萨斯州星报》记者
（Kansas City Star）

弱势广告客户的十大准则

现在我们来迅速浏览《如何战胜强大的对手》的准则摘要。

《如何战胜强大的对手》的十大准则以创新的方法和有限的资源为客户赢得市场。这些准则让市场开发看上去更大，支配起来也更有效。但是不同的市场行情要求客户使用不同的广告准则，不过最终还是可以发现，几乎所有成功的市场开发活动都是以这些准则为基础的。

在接下来的第三章到第十四章，我们会深入探讨这些准则，这里仅做简单的介绍。

准则一：逆向思维

跟自己的同行对比一下，假如你不是他们当中最强的，那么想提前拿到期望已久的广告方案是不现实的。而你的强势对手只需用他庞大广告开支里的一小部分就能得到那个方案。所以，要打败对方，就必须使你的广告方案更新颖，更优越。

准则二：敢于冒险

你见过不流血的战争吗？要想打败对手，必须有所牺牲。弱势广告客户要敢于打破常规——说常人不敢说，做常人不敢做。就算丢脸也不放弃，这样才能称得上"冒险"。假如你的市场宣传和广告策划都不会让你有丝毫的担心和害怕，那唯一的解释就是你还不够冒险。

准则三：先谋后行

广告方案有两大内容：一是策划，一是执行。策划包括你说了些什么，什么时候说的，以及跟谁说的；而执行就只负责怎么去说。一个好的策划怎么执行都能成功，而一个不好的策划就算执行得再好也成功不了。所以，我们要先谋后行，先想好怎么去策划，再想怎么去执行。

准则四：推陈出新

从我过去分析的每一项产品和服务可以发现，大多数广告通常看起来都相似，说的内容更是千篇一律。弗劳尔斯创意策划体系是一套思维分析流程，致力于指导广告策划的发展，使之有别于其他企业。这个策划体系的程序分三大步：产品调查、顾客分析和对手研究。

首先，要了解你的产品和服务，越了解越好。

其次，分析你对产品的期望值。一旦你全面了解了他们，了解了你想要些什么，又必须提供些什么，这时候，就可以把你的期望和产品强强联合起来，让它们成为你策划中的主力。

最后，根据相关的广告信息和执行方式分析竞争对手的动态，一旦知道了对手在干什么，那么想让自己的广告在激烈的竞争中脱颖而出就易如反掌了。

准则五：巧选战场

假如你的能力还不足以打败前方的强敌时，就要尽量避免正面交锋，直到实力相当或略胜对手一筹时才可交战。换句话说，就是形势必须对你有利。所以，尽量避免跟对手硬碰硬，直到发现优势战场。

准则六：集中开支

也许弱势广告客户犯的最大的一个错误，就是想用有限的广告预算开展无限的市场业务。这么一来，钱就被分散支出了。

要想达到预定目标，就必须集中所有的广告预算来满足广告策划的开支。但如果是分散开支的话，小额开支要比大额支出更可取。

准则七：稳定执行

弱势广告客户有两种行为会直接影响广告的效用。第一，频繁改动广告策划。有些策划甚至刚执行到一半就被叫停；第二，对同一受众大量传输不同的广告讯息。这些都会损害广告的宣传效果。选择一个值得你信任的广告策划之后，就应当坚定不移地执行下去，做到每一项市场宣传都围绕这一策划进行。

准则八：展示价值

市场开发机构的工作不是出售商品和服务，他们要做的是为消费者创造价值。"价值"可以让你的产品比竞争对手更独特，更优越。

对弱势广告客户而言，平价销售显然还不够好。万物皆有因果，顾客之所以放心购买对手的竞争产品，无非就是因为风险比较小而已。所以，当你的广告 PK 对手广告的时候，必须展示出更大的潜力和价值，否则就注定败给对方。

准则九：速度惊人

速度。跟强敌相比，速度是弱势广告客户少有的优势之一，如果使用得当的话，速度可以打破竞争双方的均衡，拉开彼此的差距。

惊人。速度和惊人是一体的。由于弱势广告客户的市场活动经常被对手忽视，所以那些意想不到的市场宣传和广告策划总能奇迹般地获得成功。尽管如此，要想保证速度的惊人，策划的执行也必须惊人。

准则十：耐心等待

一般情况下，弱势广告客户对消费习惯和顾客喜好的变化都不能迅速作出回应。一个较低水准的广告策划会导致产品知名度提升缓慢，产品知名度提升缓慢，预计销售量的估算也会跟着慢起来；预计销售量的估算慢了，执行力度也就随之变慢。因此，弱势广告客户耐心等待广告策划的执行就显得异常重要。

常言道："看花容易绣花难。"运用这些准则也是一样的，你知道了它们，却不一定会用它们。所以，在接下来的十章内容里，大家一起来探讨具体如何使用《如何战胜强大的对手》的这些准则。

第三章

孩子，让我跟你说点儿什么吧！你必须牢牢抓住读者的心理。假如他现在坐火车，车厢里很热，秘书又欠揍——忘给他安排行程了，老婆还生他的气，孩子要肩带，自己又没钱，坐他旁边的人还有体臭，周围黑压压一片都是人。这种情况下想让他读你的故事？那就把它写得有趣点儿！

——摘自前《纽约邮报》（New York Post）
编辑与一名年轻后辈的对话

准则一：逆向思维

《弱势广告客户学》的前两条准则看上去有点儿虚张声势，不过却是真的不容小视。如果客户过分使用第一条准则的话，那么很显然，他们也在"逆向思维"。

那么逆向思维到底意味着什么呢？先做个测试：一笔画四条线，连接下图中的九个点。

```
  ·   ·   ·


  ·   ·   ·


  ·   ·   ·
```

做不到吧？这里跟你说一个诀窍：要一笔连接所有的点，只有在点外连线，而不是在点内。大多数人一碰到问题就习惯性地用常规思维来思考如何解决问题；碰到广告问题也这样，做广告创意时还这样。不过，在一般情况下，常规思维能做出几乎所有预想的广告方案。

除非你是同行里最强的对手，否则就不可能提前拿到预想的广告方案，而你的强势对手可以不费吹灰之力就拿到它。所以，要想吸引顾客，要想成功击败对手，就必须创新。

那么，第一步我们该做些什么呢？第一步要进行比较分析。分析自己现在的广告和对手的广告有什么不同点，并试着回答以下提问：

我和对手的广告传达的是一样的或相似的信息吗？

如果是的话，那你的情况就不妙了。你的广告和对手的广告传达的都是同一个信息，这样一来，不仅限制了品牌的发展，也白白牺牲了一则广告。典型的弱势广告客户是没有多少钱可以投入整个广告市场的，因此，他们不光会输给强势广告客户，就算在其他普通对手整合投资广告面前也会吃败仗。

这里的关键问题是：你必须定义自己的广告范畴，这样受众才能察觉出你跟其他公司的广告有哪些不同，相比之下你具备哪些优越点。要做到"不同"，要达到"优越"，都不容易。

首先，必须仔细分析广告传达的信息。对比自己和对手的广告是否存在明显的差异，要是没有的话，那可不可以在广告中添加新的元素，从而在竞争对手中脱颖而出呢？

假设你把新元素添加到了广告信息里，那你的广告就一定能超越对手的广告吗？未必！单纯的差异并不能超越对手，更不会使受众联想到你的产品和服务。最好的方法是让受众不仅感受到贵公司广告的独特性，还能察觉到它的优越性。

接下来别看书，先做一个练习：回想自己是如何跟对手竞争，如何争取受众的注意的。然后列一张清单，把具备超越对手的广告元素全部列出。

我和同行使用的是一样的或相似的传播媒介吗？

基于某些原因，弱势广告客户的强敌们在哪里登广告，他们就会跟着在哪儿登广告。这样做一方面是因为显眼，另一方面是因为便于观察对手的动态，顺便抄袭对方的战术。毕竟，大公司的选择一般都是正确的，是不是？

问一下，你跟对手用的是同一种传播媒介吗？要是的话，你又一次限制了品牌的发展，又白白牺牲了一条广告，又一次浪费了大笔开支。

如果你还在为这事发愁，那就好好想想：有哪些传播媒介是你的对手从未用过的，而它们又能为你所用的。假如对手经常在电视上打广告，那你是不是可以考虑在电台、在报纸或者在网络论坛里登广告呢？

思路一定要放宽，不要局限在传统的电媒介和纸媒介上。要用对手没有用过的媒介，非传统媒介就是一个不错的选择，比如挨家挨户发传单，参与地方事务，做网络广告，甚至做空中广告，都很不错。

得克萨斯州沃斯堡的威廉姆森—迪凯思（Willamson-Dickie）服装公司是一家著名的工服制造商，它在得克萨斯州州立展览会上仅为展会雕像"Big Tex"穿上一件迪凯思，就取得了意想不到的广告效应。

Big Tex 高约 15 米，竖立在展会中心。自 1952 年起，它就是得克萨斯州立展会的标志。这个展会授权迪凯思为 Big Tex 的服装赞助商，并允许迪凯思商标印在服装上（见图 3-1）。

这个展会每年要接待 300 万名游客。这么一来，每位展会客人都能看到迪凯思的商标。不仅如此，由于 Big Tex 是该展会的广告标志，迪凯思又捡了个大便宜——每年免费享受巨额的广告宣传。（由于各大媒体争相报道该展会，Big Tex 曝光率相当高。）所以总体这么一算，迪凯思每年仅用几万美元就搞定了两三百万美元才能做到的广告宣传。真是想不服都不行呀！

说完得克萨斯再说纽约市。纽约市一家小型内衣公司 Bamboo Lingerie 想大做宣传，可惜又请不起当地的媒体。于是他们别出心裁地在各大商场、集市和人员密集的场所旁边的人行道上做广告——当然，他们用的是环保易冲洗的印刷。广告词也很特别：

> 这儿的内衣貌似不同。
>
> ——Bamboo Lingerie

（图 3-1）　《达拉斯晨报》（Dallas Morning News）头版上身穿迪凯思的 Big Tex。你知道在一家主流报纸的头版登彩印广告得花多少钱吗？

这个广告不只成功吸引了顾客的注意，媒体也不例外，他们开始争相报道。世界各地的报纸、杂志纷纷评论 Bamboo Lingerie 的新型广告①。

其实这种广告不仅对小公司有效，大公司也屡试不爽。在1984年（美国）洛杉矶的夏季奥运会上，耐克球鞋就用上了这一招。耐克公司在此次奥运会主会场周边的高空建筑上悬挂运动员巨幅海报，每张海报都印有"耐克为奥运加油，耐克为胜利喝彩"的标语。这样一来，全世界都为奥运会有这样的赞助商而叫好，可实际呢？耐克并不是这届奥运会的赞助商，匡威（Converse）才是。人家匡威是花钱买赞助，耐克倒好，白捡了个"赞助"。②

有多少对手的开支比我大？

广告开支就是指你的产品和服务的整体广告支出。一般情况下，弱势广告客户没有多少广告支出，所以在面对强势广告客户狂轰滥炸的情况下，弱势广告就更显得疲软无力。

要反败为胜，必须认真考虑广告的预算与支出，方方面面都要想到，只有这样才能正确规划广告开支；也只有这样才能

---

① 见 Under The Radder，第 42-44 页。
② 见 Eating The Big Fish，第 96 页。

知道为什么一定要做跟对手不一样的广告；也只有这样才能做到逆向思维。

说到逆向思维，就不得不提逆向思维的一个成功案例——小成本电影《女巫布莱尔》（The Blair Witch Project）的票房成绩。大家知道，好莱坞的新片在各国影院上映前通常有四套宣传模式：第一，在电影院放映预告片；第二，首映前几周在电视上宣传造势；第三，首映前几天在报纸上刊登剧照；第四，首映期间疯狂发动媒体引导舆论。就这些个宣传套路，没有上百万美金是拿不下来的。

不用说，《女巫布莱尔》没钱不会也这么做。要知道，它的前期制作费只有 5 万美元。所以他们放弃了电视、报纸等宣传套路，改雇高校大学生在俱乐部、书店和咖啡屋等年轻人常去的地方发放"寻人启事"传单。年轻人通常好奇心强，如果他们想知道那些"失踪的"人的下落，就要登录宣传单上留下的女巫网站。

但是这个网站一点都不像在宣传电影，倒像在给人们讲述一个真实的故事——三个大学生在寻找女巫的过程中离奇失踪，只剩下摄像机拍到的足迹。这个故事在网络聊天室和论坛里像病毒一样迅速传播，使女巫网站的点击率高达 1.5 亿次——标准的零成本广告呀！

不光这样，一开始《女巫布莱尔》只在全美 27 家影院上映，票房就首次告捷。接下来的几周里也是如此，甚至达到一票难求。最后，《女巫布莱尔》的总票房收入是 1 亿美元。是谁说弱势广告客户不能反败为胜的？运用逆向思维，花 5 万美元不也能赚个把亿吗?[①]

现在大家别忙着看第二条准则，先做个逆向思维练习：列举三件独特的策划方案，争取潜在客户的注意力。也不知道大家有没有做出前面那道题——就是用四条线一笔连接九个点；要是做出来了，就对一下答案吧！

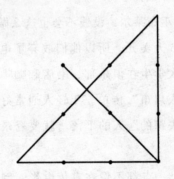

---

① 见 Marketing Outrageously，第 115-116 页。

第四章

  两军作战，敢于冒险的一方往往能战胜犹疑不决的对手，因为大多数犹疑不决都是缺乏自信、不敢冒险的表现。

——卡尔·冯·克劳塞维茨

引自《战争论》

准则二：敢于冒险

卡尔·冯·克劳塞维茨，19 世纪普鲁士伟大的战争历史学家。他精于研究战略战术，其研究遍及各大历史战役（亚历山大战役、拿破仑战役等）。1832 年出版的《战争论》（On War）至今都是屈指可数的战略佳作，美国军事思想家、美国核战略创始人伯纳德·布罗迪（Bernard Brodie）就曾高度评价克劳塞维茨及其《战争论》，他说："他不仅是伟大的军事战略史家，他的《战争论》更是世界唯一的战争佳作。"[①] 与俾斯麦并称普鲁士军队缔造者的毛奇伯爵也说过："除了《圣经》与《荷马史诗》，《战争论》的作者克劳塞维茨对我的影响最大。"[②]

我们从这部伟大的战略名著中节选了一小段作为本章的开篇引语，就是这么一小段有关"冒险"的描述教训，就足以击败强大的对手。不过翻译过来确实有些不那么自然，毕竟是 150 年前写的东西，而且还是用德语写的。其实，克劳塞维茨的本意是指战场上犹豫不决的一方注定要失败，胆小畏缩、不敢冒

① 见《克劳塞维茨》，第 1 页。
② 见《克劳塞维茨》，第 59 页。

险的军队必败无疑。他后来还说：

> 纵观世界战争史可以发现，战士的常见状态就是
> 原地不动，犹豫不决。这样是不行的。一定要行动，
> 行动才有希望赢。[①]

借这个机会我们再回顾一下大卫与歌利亚的事情。非利士和以色列两军对垒，呼声震天，歌利亚向以色列军叫阵许久，大卫才出营应战。大卫应战只用弹弓，不拿枪，也不执盾，惹得歌利亚大肆嘲笑。满脸轻蔑的歌利亚就掉以轻心，疏于防范，大卫乘机进攻，用弹弓射到歌利亚，赢得了胜利。你说大卫算不算冒险？以色列是不是因为他的冒险才战胜非利士？当然是了！世上不存在无需冒险的战争，大卫是这样想的，弱势广告客户也要这么想。

得克萨斯州防晒产品制造商斯马特·希尔德（Smart Shield）就是这么想的。它要告诉顾客斯马特·希尔德卖的是防晒霜而不是晒黑霜（专为晒黑后的皮肤设计），他要告诉顾客二者的区别。那究竟怎么告诉顾客呢？当然是做广告喽。斯马特·希尔德的广告非常抢眼：把一副骷髅放在烈日暴晒下的沙漠中，再标

---

① 克劳塞维茨：《战争论》，第 291 页。

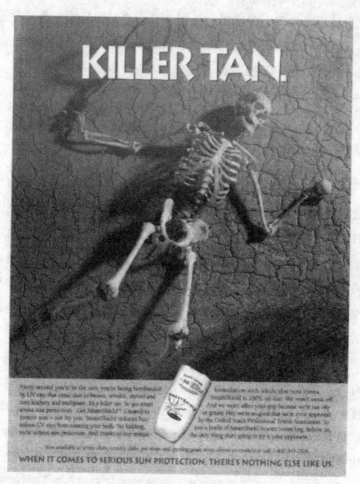

（图 4-1）　　Smart Shield 在网球杂志上的另类广告：
长时间的日晒会伤害皮肤！

上"凶手是太阳"的字眼（见图4-1）。绝对的另类广告！你说它这么做算冒险吗？我说算；那他这么做就能让顾客发现 Smart Shield 的与众不同之处吗？我说毫无疑问，绝对可以！

问完 Smart Shield，再问问你自己。

我的广告够冒险吗？

想想自己最近做的广告是"安全型的"还是"冒险型的"？做安全型广告呢比较轻松，识别率也高，就像周末在家里穿的旧衬衫——每周都穿，没有新花样，很舒服，很亲切，也很不起眼。做冒险型广告就不一样了，它不会很舒服，也不会很亲切，但却十分的抢眼。如果你做的是冒险型广告，那就仔细想想它到底有多冒险？想想它会让你的手心冒汗吗？要是不能的话，那还是不够冒险！

当然，凡事都不能太过，冒险也是如此。况且每个产品都有一定的冒险指数，即不损害产品形象时广告可承担的冒险程度。所以，冒险型广告多多少少会对产品和服务带来负面影响。话虽如此，具体问题还是得具体分析。像银行和医院，饮料和电脑游戏，它们的冒险指数就不相同。银行和医院，一个负责保管钱财，一个负责救死扶伤，涉及的产品和服务都相当重要，给它们做广告要注意风格必须严谨，注重表现专业操守；相反，给饮料做广告就要风格多变，轻松休闲点；至于电脑游戏嘛，新鲜、刺激、疯狂，都没有问题，因为这符合电脑游戏的形象和气质。总之，没有人会把钱存在疯狂的银行，也不会有人去打严肃的电脑游戏。一句话：冒险也要"因地制宜"。

就冒险指数而言，克劳塞维茨很有先见之明，早在 19 世纪他就说过：

> 冒险是非凡智力的表现，是英雄特有的行为，不是挑战自然，更不是蔑视法理……[①]

换句话说，就是不能为冒险而冒险，要确保你的产品可以承受你的冒险计划，才能开始冒险。

我的冒险指数有多大？

想知道自己的广告冒险指数是多少，就去看竞争对手的广告。看他们有没有人在做冒险型广告，要是有，你觉得有哪些做法够冒险。就这样，你的对手也就成了一个参照：一旦你知道他们是怎样冒险的，你也就知道该怎么做才能比他们更冒险，不过前提是你必须有心超越他们才行。

这里确实有这么一家公司做了不少冒险的事情，它就是快

---

① 克劳塞维茨：《战争论》，第 291 页。

餐连锁店 Jack in the Box①。刚开始的时候，快餐店的名字是 Jack（盒子里装的一个小丑），后来为了区别麦当劳的儿童快餐理念，Jack in the Box 改名为"The Box"，并宣布进军成人快餐市场。这么一来，Jack in the Box 的广告在 20 世纪 80 年代早期风靡一时，并成功转型为成人快餐连锁店，彻底摆脱了麦当劳。

直到 1995 年，"Jack"再次出现在"The Box"的广告中，而且一改以往搞怪的小丑形象，成功转型为西服革履的快餐店老板，着实让人眼前一亮。尽管"Jack"的塑料头还是那么大、那么圆，但一点都不影响它的出位，"Jack"还是回来了，"The Box"也回到了"Jack in the Box"的时代，快餐店的生意又好了起来。（两年前 Jack in the Box 店内出现变质牛肉，生意一落千丈。）

不过真正使这家快餐店起死回生，摆脱经营不善状况的是另一个红极一时的广告片，当时人们对它的评价也是毁誉参半，褒贬不一，但不管怎样，它救了快餐店一命。

这个"救世主广告"通过讽刺纽约地铁爆炸事件后的恐怖爆炸都毫无新意，不值一提，从而突出 Jack in the Box 不同于其他跟风学样的快餐店。尽管当时在美国只有亚利桑那州能收到这个广告，但是媒体的争相报道，顾客的热烈回应使它迅速蹿

---

① Jack in the box，美国速食连锁店，成立于 1951 年，全球雇员 4.5 万人，在中国香港设有分店。——译注

红。就这样，Jack in the Box 的股票价格也跟着上涨，一度突破了历史最高纪录。①

毫无疑问，Jack in the Box 成了最大的赢家。你说他要是不冒险、不在广告中添加暴力成分，他能成功吗？绝对不可能！它这么一冒险，不仅媒体争相吹捧，就连顾客也得掂量掂量，重新定义快餐行业。这实在是一举两得，一箭双雕啊！

同样敢于冒险的还有一家公司，一家专卖汉堡的公司——Garden Burger。下面是我给 Garden Burger 算的一笔账，希望大家可以察觉出什么。1997 年 Garden Burger 的总销售额是 3900 万美元，广告开支总计 330 万美元，到 1998 年 5 月中旬，Garden Burger 耗资 150 万美元购买了电视剧《宋飞传》（Seinfeld）②片尾 30 秒的广告播放权。看到这里，相信你也发现 Garden Burger 在 1998 年的广告开支比头一年少了一半多，仅占 1997 年总销售额的 40%。

你会想 Garden Burger 这么做是不是有些疯狂呢？或者是另有隐情？是的，确实是另有隐情！

首先，Garden Burger 要向多元化发展，不再局限于素食汉

---

① 见 *Eating The Big Fish*，第 108-110 页。
② 《宋飞传》是一部著名的美国电视剧，有"21 世纪最伟大的剧集"之称。它由 Jerry Seinfeld 和 Larry David 共同创意，1989—1998 年在 NBC 播出，总共 180 集。目前美国主要电视台还在进行重播。——译注

堡销售。它们希望顾客能用最短的时间了解 Garden Burger 的理念，所以他们选择了《宋飞传》。根据媒体对《宋飞传》的大肆宣扬，Garden Burger 了解到它是美国历史上收视率最高的情景剧，那么 Garden Burger 在它的片尾登的广告就会成为美国历史上收视率最高的广告。但是很奇怪，广告并没有收到预期的效果，反倒是它的低成本广告投入备受媒体关注——全美有 400多家电台、电视台、报纸都报道过 Garden Burger 的低成本广告策划。

其次，Garden Burgur 想用 150 万美元（三个月的《宋飞传》片尾广告费共计 1200 万美元）来增加销量，通过《宋飞传》片尾广告达到说服各大超市和饭店销售 Garden Burger 汉堡，提高品牌知名度，激励顾客购买等目的。

不管怎样，这对一家小公司来说也够冒险的了。但是，冒险归冒险，人家还是赚了不少钱。广告播出后销量就见涨——销售量高达 91%，销售额突破了 7100 万美元。想想都觉得这个险冒得值啊！①

既然合理的冒险是有钱可赚的，那过去大半年里你有没有做过冒险型的广告呢？

---

① 见 *Marketing Outrageously*，第 102-107 页。

第五章

谋无术则成事难，术无谋则必败。

——中国古代军事思想家　孙子

引自《孙子兵法》

准则三：先谋后行

可能看起来太过简单了，不过我还是坚持广告的运作过程只有两大步：策划和执行。策划涉及的是广告的人物、时间、地点、内容和缘由，也就是：

- 广告的受众是谁？
- 广告要告诉潜在顾客哪些讯息？
- 什么时候是争取顾客的最佳时机？
- 在哪儿能找到你的顾客？
- 顾客又是为什么信任你？

而执行则负责广告的运行和讯息的传达，也就是我们通常参考广告运行的情况，它是讨人喜欢？让人难忘？幽默搞笑？让人感动？或是令人感叹？诸如此类的问题。

经常性的忽视策划和怠慢执行是弱势广告客户的一大通病，长此以往，当然做不出好的广告，要知道制作一则行之有效的广告的关键就在策划上。为此，你必须在正确的时间对正确的受众传达正确的信息，也就是正确的策划和执行。

正确的策划只要求清晰有效的沟通，执行也不必太过，能体现策划意图就好。相反，就算你执行得再好，再幽默，再风趣，也经不住一个错误的策划。毕竟"术无谋则必败"嘛。

所以，只有策划完毕，才能执行有力。做好广告的第一步是必须采取正确的策划方案，随后再采取优越的执行手段，这样的广告才称得上是好广告。

就个人观点而言，我认为美国米勒公司①的低度啤酒行动是广告史上的一大创举。他们汇聚以往众多专业的运动健将，就米勒低度啤酒的优势展开讨论——究竟是"好喝"还是"不好喝"，并合成不同的广告版本播出。这一行动的成功，就是独特策划与恰当执行巧妙配合的结果。

米勒低度啤酒广告一播出，就为多数"低糖啤酒"爱好者所关注。为此，米勒重新定位，指出低度啤酒是专为酒量大的酒民设计的。因为低度啤酒含卡路里低，酒量大的人不容易吃饱，这样他们就能喝得更多。为进一步解除酒民对低度啤酒的疑惑，广告还特地向酒民保证低度啤酒的口感与其他啤酒一样好。就这样，经典广告词"好喝，不好饱"（Tastes great，Less filling）才应运而生。

这则广告做得相当出色，借助过去的专业运动员之名让人联想到酒量大的酒民。这个创意成了一个酒文化的坐标，并被

---

① 米勒酿酒公司（Miller Brewing Company）由弗雷德里克·米勒（Frederick Miller）于1855年成立。当今世界第二大啤酒商。——译注

沿用多年。

后来，米勒烦了"好喝，不好饱"的广告策划，同时开展了新一轮的策划行动，对象是 X 一代①的酒民。新策划以 X 一代喜欢的诙谐幽默为主基调，并标榜是"迪克（Dick）制造"（迪克是传说中的广告奇才）。尽管如此，这则广告也没有给米勒低度啤酒带来任何利润，甚至是零销售，一听啤酒也没卖出去。

不管怎么样，这个策划还是得到了广告业内人士的肯定，并囊括了广告界的所有奖项，然而销售量的下降和迪克的离开也是不争的事实。虽然我不了解销售下降的内情，可是有一点可以肯定，那就是迪克的失败策划跟它脱不了干系。

既然策划的准确性这么重要，那么怎样才能做一个正确的广告策划呢？我们一起考虑问题后再作答复。

第一：谁是你的目标顾客？

你知道谁最有可能回应你的广告吗？要不知道，就看看你现在的顾客！他们能给你点儿提示。其实，最有可能回应你广

———————

① X 一代是 1991 年之后大为流行的一个生活型态名词，推动者可能是作家道格拉斯·柯普兰（Douglas Coupland）。他将 20 世纪 50 年代后期和 60 年代之间出生的人定义为 X 一代，也就是过去称为"婴儿潮一代"的下一代。——译注

告的就是那些买过你产品的人。那他们中谁又买得最多呢？说到这里的话，就可以知道有很多人不符合这些条件吧？要记住，目标顾客定义越准确，广告策划也就越正确（请参见第七章）。

第二：竞争对手的广告都讲了些什么？

知道谁是你的竞争对手吗？多看他们的广告，看他们在说些什么，都是怎么说的，想要吸引顾客，你的广告内容必须与众不同；要想与众不同，你必须了解对手的广告内容（请参见第八章）。

第三：怎样使产品在市场中立足？

你能想个简单的法子让产品独具特色吗？（请参见第十五章）。

第四：你的产品能给顾客带来哪些好处？

"性能"和"好处"是两个绝然不同的概念。性能是指你产品的属性和特点；好处则关乎你的顾客——他们买你的产品、用你的产品能给他们带来什么方便或益处。比如：一台雪佛兰轿车发动机装置燃料喷射系统，马力405——这是车的性能；而司机在 5 秒之内加速到每小时 60 公里的时候，车身有嗡鸣声，这就是好处（在你喜欢开快车的前提下，这是好处）。当考虑广告信息的时候，要学会用顾客的眼光来看问题，学会换位思考，试着确认产品的主要优势，找出哪些对顾客有利，哪些用处不大。

第五：提高销量时你必须克服的主要障碍有哪些？

无论消费多少，你的顾客总会衡量开销的利弊。如果利大于弊，他们就会乐于消费。因此，当你了解顾客想要的"利"以后，就能有效地策划广告信息并说服顾客购买你的产品；而当你判断出顾客不想要的"弊"时，你也就知道怎么扫除销售障碍了！

第六章

玛丽玛丽，

矛盾的玛丽，

看看你的花园里都长了些什么东西？

——童谣

准则四：推陈出新

"玛丽玛丽，矛盾的玛丽"……曾经想到过这首歌吗？我是说，为什么作者觉得有必要分析花匠的性格，有必要指出她的矛盾个性？

因为对弱势广告客户来说，矛盾是必须的，矛盾是好事。当面对强势对手时，当策划广告时，必须与众不同，必须推陈出新。

创意策划体系能够帮助弱势广告客户推陈出新，脱颖而出。这是一个思维分析过程，致力于广告策划的发展，使之有别于其他企业。在接下来的三个章节，我们再详细探讨这个过程。

创意策划体系分三大步：产品调查、顾客分析和对手研究，三者交叉于组合圆图之中（见图 6-1）。

策划体系的第一步就是产品调查。（我知道听上去很简单，但你必须里里外外、上上下下地了解你要策划的产品。）只有当你全面了解了产品，你才能确定如何超越对手，从哪里超越对手。

全面调查产品后，开始第二步：顾客分析。鉴于不是每个

— 45 —

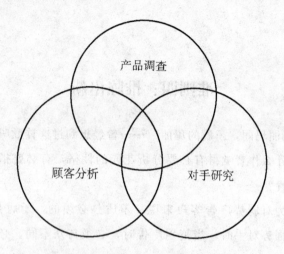

图 6-1　创意策划三大步骤

人都要你的产品，所以没必要在不想买你的产品的人身上花时间，只需专注那些最有可能买你产品的顾客，方能增加广告效应。

把产品的供应和顾客的需求联系起来考虑，事实上已实现了策划的高效运行。不过，还是存在不足，毕竟你能提供的对手也能提供，而且是一模一样的。所以，第三步就是研究对手。

如果你摸清了对手在做什么，怎么做的，那还怕自己的广告不能脱颖而出吗？广告的与众不同会让顾客注意你的广告，了解你的产品，进而明白为什么要买你的产品而不是别的公司的产品。

现在我们就来详细分析这三大步骤。

第一，产品调查

再强调一遍，创意策划体系的第一步就是要弄清楚自己要做广告的产品和服务。从产品的性能和提供的服务平台开始，但不仅限于这些。你公司对这产品的长期规划和期望有哪些？它们要如何才能融入你的公司运作？这些都要弄明白。还有，下周的销售额至关重要，想想五年后这个产品的销售网点会在哪儿？当你学会为你的产品或服务作长远打算的时候，你就开始有那么点儿与众不同了。

要想广告信息独特新颖，还有一个方面也要引起注意——销售渠道。产品的销售渠道和送货方式是非常重要的。你是怎么卖产品的？通过直销？通过零售商、供应商、代理商，还是互联网？不同的销售渠道会改变顾客的取货方式，进而影响顾客对产品的态度。

以下诸方面就直接影响着顾客对产品和服务的看法：

- 该产品的购买周期有几种？顾客是一星期买一次？一个月买一次？还是经常买？
- 该产品的价格随季节变化吗？顾客是夏天买贵一些？还是秋天、冬天、春天？或是全年任何时候都一个价？
- 该产品有哪些影响购买的不利因素？不利因素可以是产

品价格、产品有效性、付款方式、对手供货等任意左右
顾客购买你产品的因素。

● 有哪些客观市场因素会影响该产品的销量？可以是经济
衰退、贸易保护、战争等任何影响顾客消费的因素。

如果你已经全面了解了产品的供应和服务，请准备创意策
划的第二步……

第七章

如果不能深入了解自己的顾客，那就无法在广告界立足。

——李奥·贝纳

引自《广告神话》（Advertising Legend）

顾客分析

不管产品有多好，都会有人不愿意买。尽量争取想买你产品的顾客，这样会轻松一点。为此，你必须花时间去分析研究那些最有可能买你产品的人。把他们分析得越透，你的广告就越能刺激他们的购买欲。

我们花费巨资研究分析了人的消费动机，以下七大因素会帮助你进一步了解你的潜在顾客[①]。这七大因素你不必全部都考虑进去；不过，你考虑的越多，就越能用广告刺激你的顾客的购买欲。

1. 人口统计和心理分析

想想如何描述自己的目标顾客。这里推荐两种描述顾客方式：一是人口统计；另一种是心理分析。

(1) 人口统计模式

人口统计模式主要描述顾客的基本状况。最为常见的是描

---

① 参见《购买动机》（Why They Buy）。

述顾客以下方面的情况：

- 年　　龄
- 性　　别
- 婚姻状况
- 生育状况（有无小孩）
- 学　　历
- 职　　业
- 常住地址
- 城市居民
- 农村居民
- 种　　族
- 年均收入

顾客的消费会随着以上情况的不同而变化。鉴于人口统计模式能为商家提供大量有效的顾客信息，迄今为止，它都被广泛运用来进行顾客调查分析。此外，它也能帮你决定谁才是你的最佳顾客。

（2）心理分析模式

从某种程度看，顾客的年龄、性别和收入决定了他们某些消费习惯；但消费行为的决定因素远不止这些。心理分析模式从日常活动、生活方式、兴趣爱好和思想观点等各种角度进一

顾客分析

步分析最具消费潜力的顾客。

由于心理分析模式涉及面过广，我们这里仅从以下三个方面进行分析[①]：

- ● 日常活动——最具消费潜力顾客的业余活动：
    - ——加班工作
    - ——做感兴趣的事
    - ——参与社交
    - ——消费度假
    - ——娱乐休闲（看电影、听音乐、看电视等）
    - ——参加会员俱乐部（社交的、商务的等等）
    - ——购物
    - ——运动（观赛或参赛）
- ● 兴趣爱好——最具消费潜力顾客的喜好：
    - ——家庭（陪老婆孩子）
    - ——家居（自己待在家里哪儿也不去）
    - ——社区（参加社区活动）
    - ——时尚
    - ——食物

---

① 见 Jaseph，Plumber T. "The Concept and Application of Life Style Segementation。" Journal of Marketing January 1974，第33-37页。

——媒体

● 思想观点——最具消费潜力顾客对具体事务的看法：

　　——社会事务

　　——政治事务

　　——商　　务

　　——经　　济

　　——教　　育

　　——文　　化

　　——未　　来

　　不过，在具体分析顾客概况时，不要仅局限于以上各项内容，可以想想顾客的生活方式，进一步了解他们。

2. 需　求

　　大约 50 年前，美国心理学家亚伯拉罕·马斯洛创建了人类需要层次论。马斯洛指出，人类只有在基本需要得到满足之后才会追求更高层次的需求。马斯洛把人的基本需求分成五大层次，并配以对应的具体实物参照，具体如下表：

需　求	实物参照
1. 生理需要	衣服，食物，住房，健康
2. 安全需要	保险，家庭保障，火警，个人保

护装置

3. 情感需要	除臭剂，牙膏，贺卡，社交网
4. 尊严需要	彰显地位和身份的产品，像订做的衣服、香水等。
5. 自我实现	跑鞋，励志书籍，减肥计划

想想你的产品能满足马斯洛的需要层次的哪种需求？回答这个问题时，我想提示一下：人类对情感的需求可以超越任何其他的需求，事实上已经超越了所有的需求，毕竟谁都渴望有一份真挚的情感！

要是觉得马斯洛的理论太宽泛，那就看罗伯特·赛特和帕米拉·阿莱克写的《购买动机》这本书。该书罗列了 15 种不同的顾客需求，它跟马斯洛的不同之处在于需求的平等性，每种需求都是并列存在的，没有高低之分。下表列出了这 15 种需求及对应的参照物；由于每种需求都是并列存在的，所以在此按字母顺序排列。①

需　求	参照物
1. 成就需要	

---

① 这里的字母顺序是指英文的，译文并未按汉语拼音音序排列，但均在括号中注出了英文。——译注

完成困难任务、锻炼
技能的需要

锻炼顾客技能的产品、工具，
DIY 书籍，实用课程，励志
书籍，以及职场服务产品

2. 情感需要

与他人交流、分享和
建立互助关系的需要

增强人际交往的产品，如手
机、舞会产品；增强个人魅
力的产品，如婚宴产品和流
行服饰

3. 稳定需要

要求稳定的秩序、良
好的环境、正常的人
际交往，排除不确定
因素，事务按计划稳
步执行

各种清洁产品：香皂、洗发
水、清洁剂、清洗电器，套
装，成套商品，常规服务

4. 娱乐需要

娱乐休闲，打破常
规、自我消遣的需
要

各种娱乐休闲产品：玩具，
游戏，电影，电视，戏剧，
演唱会，音乐，体育比赛，
杂志，诗集，科幻小说，打
猎，露营，划船，旅游

5. 权力需要

凌驾他人、打败对手
的需要

各种象征权力的产品：办公
用品，武器，法律

6. 表现需要

表现自我、吸引他人
注目的需要

各种抢眼的产品和设计：独特
的服装与首饰，汽车，搞怪的
发型，奇怪的装束或简历

7. 独立需要

渴望独立自由，与众
不同

各种标榜独立和独特的产
品：服装，发型，定做的
车，自制的家具，新潮的饰
品，进口食物与饮料

8. 尝鲜需要

渴望改变，经历不同
的生活，做新工作，
学新本领，换新环
境，找新的兴趣爱
好，寻求神秘和刺激

不同寻常的产品，国外的文
化，特色小吃，电影，另类
产品，设计，服饰，首饰，
丰富多彩的娱乐产品，异国
旅游

如何战胜强大的对手

9. 关爱需要

渴望他人的关爱、安慰和支持，渴望朋友，有生机的食物，渴望帮助他人，免受伤害

家用产品，婴幼儿护理用品，洗涤用品，宠物用品，花园产品，慈善捐款服务

10. 认可需要

渴望他人的正面评价，渴望表现自身优势，渴望成为榜样，渴望社会的认可和嘉奖

展示个人优势的产品，单位的勋章、奖状、锦旗，体育迷手中的旗子、徽章和队服，家庭或公寓的纪念品，联谊会或母校的纪念品

11. 安全需要

渴望远离伤害，渴望平安，渴望保护自己、家人和财产，渴望避免灾难和不幸

提供安全保护的产品，保险，金融投资，警报产品，家庭服务，车辆保护产品，照明设备，低危险产品，维生素和预防药品

12. 性趣需要

渴望性吸引、性交流、性满足、性自由（拒绝避孕用品）

性产品，情趣用品（像香水），保健产品，壮阳产品，性书籍、电影、电视

13. 激励需要

渴望参与刺激的运动，渴望精力充沛，渴望积极向上的环境

体育锻炼产品，可口的食物和饮品，香薰浴，泡泡浴

14. 救济需要

渴望得到他人的帮助、支持、安慰和鼓励，渴望他人的培养与支援

救济产品，个人护理用品，按摩用品，理发、修指甲，擦鞋服务，咨询和建议服务，其他服务产品

15. 理解需要

渴望理解，认识规律，渴望使用环境，渴望指导、教导、传授经验；渴望智力发展

学习用品（指导书），学习方面的爱好和兴趣用品，新闻杂志，天文地理书籍，职场书籍，成人教育项目

看完这些需求后，可以通过纵向和横向两个方向，研究你的产品最符合哪种需要。现在就开始研究这个，不然就会忽视掉了。

记住：你的市场规划只需要满足其中的一两种需求。下面的表格会帮助你完成这项工作（横向是马斯洛的需求层次，纵向是赛特/阿莱克的需要层次）。

表 7-1　　　　　　　　两个系列的需求

	生理需要	安全需要	情感需要	尊严需要	自我实现
成就需要					
情感需要					
稳定需要					
娱乐需要					
权力需要					
表现需要					
独立需要					
尝鲜需要					
关爱需要					
认可需要					
安全需要					
性趣需要					
激励需要					
救济需要					
理解需要					

3. 动机的交叉

在找出你的产品与服务最符合哪项需求之后，还需确定顾客购买你家产品的动机。

其实，动机还是很难确定的。你随便问任何一位顾客，她也不会或者说也没法回答你。顺便提醒一下：这里要包装的是你自己的产品，而不是对手的，所以只需确定顾客购买你的产品的动机就可以了。购买动机一旦确定，你的广告策划也就基本敲定。

但是顾客的购买动机可能不止一个，所以你要记录所有的购买动机，然后找出最强的一个，还要记住，仅仅找出顾客对你的产品"有兴趣"的动机是远远不够的，必须找到他们的购买动机。

因为当顾客对你的产品只是感兴趣时，他不一定会花钱购买，而只有顾客的最强购买动机才能最后决定你的广告定位。

4. 影响因素

现在产品的需要层次和顾客的购买动机都已确定，接下来就看看影响顾客消费的外在因素。一般来说，所有的消费计划都受社会的影响，主要是来自：

- 家庭成员
- 单位同事
- 政界领导
- 教育机构
- 宗教信仰
- 娱乐活动
- 民族特性
- 风俗习惯
- 朋友熟人

上面有哪些社会因素影响了顾客买你的产品？找个时间把它们都列举出来。

你边列举边思考这些问题：到底是谁决定了购买计划？是完全一个人决定的，还是他老婆或孩子决定的？或者是上司吗？谁最终决定购买，谁就是你的主要客户。不过，决定具体买哪种产品的人也不容小视。

5. 生活方式

顾客的生活方式，也是值得我们研究的。你的顾客是高收入人群，低收入人群？还是中等收入人群？要知道，你不可能

顾客分析

卖钻石项链给吃不起饭的人，也不会卖二手车给百万富翁。所以，你必须定位产品的销售对象，是卖给有钱人？穷人？还是中间工薪阶层？

说到生活方式，它不仅包括顾客的经济状况，也包括他们不同年龄段的生活状态。具体的不同年龄段的生活状态有以下14种：

——年轻人，未婚，无子女

——年轻人，已婚，无子女

——未婚，小孩上幼儿园

——已婚，小孩上幼儿园

——未婚，小孩上小学

——已婚，小孩上小学

——未婚，小孩上初中

——已婚，小孩上初中

——中年人，未婚，无子女

——中年人，已婚，无子女

——老年人，已婚，无子女，有工作

——老年人，未婚，无子女，有工作

——老年人，已婚，无子女，退休

——老年人，未婚，无子女，退休

不同年龄段的生活状态，决定了顾客的经济收入和消费方式的差异。比如单身无小孩的年轻人就不会有大笔的消费，他们没多少积蓄，经济压力不大，消费也比较轻松，况且他们的消费通常是针对自己的——例如衣服啊，个人护理用品啊，娱乐用品啊，性生活用品，等等。

跟结了婚有孩子的小夫妻比就不一样了。年轻夫妻正是赚钱的时候，两个人都有收入，他们有存款，有投资，还有预支大笔开销的信用卡。他们可以更换新家居、新电器，可以大笔开支享受生活，甚至可以支付孩子的大学费用。

很显然，处在这两个生活阶段的顾客，他们的消费需求和动机都不一样。相比而言，其他生活阶段的顾客在购买需求和动机上也有不同。自己动脑筋想想，借鉴生活常识，判断哪种年龄段的顾客才是你的主流客源。

6. 决定购买过程

接下来要确定的就是谁是最后决定购买的顾客，买什么产品，买什么牌子的。大概说来，顾客决定购买产品时常见的情况有以下几种：

● 长时间考虑后

一般而言，顾客经过长时间考虑后才购买的产品都是较大的消费品，比如汽车、家电和电脑等。要全面了解和评估这类产品也要消耗不少时间。

● **深思熟虑后**

深思熟虑后才决定购买的产品一般不一定是大开销，但却是不经常买的。要问长时间考虑与深思熟虑有什么区别的话，那就是深思熟虑后才决定购买与否，一般是在团购的情况下和准备结账的时候，比如衣服、小型电器、CD 机等。

● **惯性消费**

惯性消费一般都是常用的小开支用品，比如食物、饮料等。

● **冲动消费**

冲动消费一般是顾客一时兴起购买的产品，各超市收银台旁边摆放的产品就可能促使顾客冲动消费。

了解了顾客如何购买产品，就可以规划销售策略了。

针对顾客长时间考虑才购买的产品，我们应该提供尽可能多的产品信息，帮助顾客分析和比较。

针对深思熟虑后购买的产品，也要尽可能提供有效信息，这样在顾客结账或团购时方可左右他们的决定。

面对惯性消费时，建立品牌效应是关键，长期开展促销活动就是个有效途径。

至于冲动消费，抢眼很重要，尽量在产品的外包装和商场柜台上下工夫。

7. 消费风险

当顾客决定购买产品的时候，他们至少要承担一种消费风险；而当你出售产品的时候，最好是考虑考虑你的顾客购买你的产品最可能面对哪种风险。如果你的广告致力于减少或消除顾客的消费风险，那么就设法去清除以下五项消费障碍：

● **价格风险（产品值这个价吗?）**

价格风险之所以存在无非是因为顾客怕物非所值。当顾客越不确定产品的价值，这个风险指数就越大。常见的价格风险大的产品有高价食物、价值连城的珠宝和高科技产品等。

● **功能风险（我要的功能都能正常工作吗?）**

这里的风险主要是指产品的功能是否符合顾客的要求，而它的风险指数一般取决于产品本身，另一方面则取决于顾客的"功能风险资本"（这里的风险资本与第四章"准则二"的敢于冒险是一个意思）。具体来说，功能风险是根据顾客的需求程度（该产品对你有多重要）和选择范围（还有其他更好的产品吗?）确定的。常见的功能风险大的产品有相机、软件、午夜电视里的酷炫装备等。

● **身体风险（这产品会损害我的身体吗?）**

身体风险大的产品主要涉及健康、安全和杀伤力强的产品，具体风险大小主要取决于顾客的身体情况。我们常见的这种高风险产品有滑雪板、滑翔机等。

● **身份风险（这产品会影响我的社会地位吗?）**

任一种产品都可能导致社会风险。具体情况就是：你购买的产品很可能影响你的社会地位和人际交往。类似的产品包括落伍的义务，仿冒的艺术品，或是任何与你身份不般配的产品。

● **心理风险（这产品会伤害我的自尊吗?）**

心理风险的产生主要是因为顾客人为购买某个产品会有损他们的尊严和形象。要注意，这里的风险与身份风险是两码事，因为这里不考虑他人的看法或行为。个人形象或尊严越实在，心理风险就越小。常见的有损形象的消费行为有：品行端正的人购买色情产品，或是素食主义者吃肉。

如果你现在已经确定了顾客购买你的产品会遭遇哪些风险，那么试着分类出来。下面的数字就代表购买你的产品需要承担的风险指数。

低风险　1　　2　　3　　4　　5　　6　高风险

现在就剩最后一步了：整合所有各种信息，这些信息就是顾客的缩影，也是你做广告的依据，那么马上行动吧！

开始做广告……

第八章

光是观察，你就能发现不少东西。

——优吉·贝拉（Yog Berra）

对手研究

对手研究是创意策划体系的第三步，也是帮助弱势广告客户脱颖而出的重要一步。多年的从业经验让我意识到，大体来说，不同行业、不同公司所做的广告，多数大同小异，颇为相似。不信就把所有的广告分门别类整理一下，你会发现它们的信息和图像都很相似。

我也没弄明白为什么会这样。不过我可以保证，你看完对手的广告，分析完之后，不少共同点都会浮现出来。我个人推测，应该有两个原因导致了这种相似：

第一，你的对手是在"真空环境"下做广告，他们不考虑其他公司的广告，所以他们的做法相当普遍，跟其他公司没什么差别。

第二，每家公司都跟着龙头企业走，模仿他们的广告。（毕竟大公司的选择一般都是对的，是不是?）

假如弱势广告客户都能了解对手的广告定位，那么自己就可以重新进行定位，避免雷同，通过重新定位广告风格，打破"大同"局势，还怕不能脱颖而出？

那么对手究竟是怎样定位广告的呢？在信息方面，你能列举出对手和其他公司广告的相似点吗？在图像方面呢？如果有，请都列举出来。

就算重新定位了广告风格，具体通过哪些方式才能与众不同，还是个问题。

希望达拉斯购物中心的广告策划能给你一些启示。达拉斯购物中心是当地最大的购物中心，他请我们公司重新策划达拉斯时尚购物中心（也就是服装专卖中心）。在调查完达拉斯所有的服装专卖广告后，我们发现当地所有的服装专卖广告都是以公司为中心。所以，在策划达拉斯时尚购物中心时，我们打破"大同"，以顾客为中心——为厂商和零售商提供陈列室。告诉顾客，在这里你们才是真正的上帝，真正的赢家（见图 8-1）。

整合策划创意

这里我们要整合创意策划系统的三个步骤，把产品的供应和顾客的需求连接起来，得出相应的产品销售信息。

现在得出了相关的产品销售信息，那么该怎样才能使它们有别于竞争对手的信息呢？不管怎样，你跟对手越不同，你的广告就越出众。

要是再能用别样的方式把正确的信息传达给正确的受众，那么想不成功都很难（见图 8-2）。

对手研究

图 8-1 达拉斯购物中心邀请众多服装设计师和零售商，参加达拉斯时尚购物中心的盛大开张庆典。长约 24 米的巨幅宣传海报"C & Be Seen"挂在世贸中心大厦前。"C"是最近的新创意，而"& Be Seen"则被很多公司用到过。

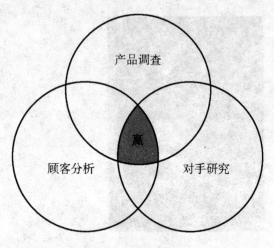

图 8-2　整合创意策划

Asko 洗碗机

瑞典高档洗碗机制造商 Asko 有限公司 1989 年进军美国，当时该公司的产品价格是美国国内洗碗机的 3 倍，而且只在一些指定的商场销售，而他们的广告策划充分体现了策划创意过程的魅力。

广告调查

相比美国国内的洗碗机，Asko 有明显的优势。首先，经调查证明，Asko 比美国国内的洗碗机洗得更干净；其次，经研究证明，Asko 比其他的洗碗机更安静（运作时噪音小）；最后，

Asko 洗碗机比其他的更省水，更节能。此外，它华丽的欧派设计更显得高档、现代和魅力迷人。其实 Asko 还有许多优越之处，但是公司没有花巨资打广告去说明这一点。

顾客分析

在 1989 年的美国，花 1000 美元买一台洗碗机简直就是不可思议，尤其是当时国内较好的洗碗机才卖 300—400 美元。所以很明显，Asko 的客户不是那些只买洗碗机的人，而是需要一个新家，需要重新装修厨房的人。因此对他或她而言，搬家或装修厨房都不为难，也就是说，已经花了 15000 美元，再额外花 700 美元买一台 Asko 洗碗机还是不贵的。

针对这些"美化家居爱好者"，美国各大超市的收银台和报刊亭都出售类似的杂志，如《创意厨卫》就是一本美化家居的时尚杂志。而这类杂志又是主要的家居装饰杂志出版的，像《美好家园》（Better Homes & Gardens）、《妇女日》（Woman's Day）等，颇具口碑。所以当顾客一想到重建或装修厨房时，他们就会主动去报刊亭买这类杂志来取经。这样一来，Asko 就知道客户在哪儿了！

对手研究

Asko 的对手主要是美国国产名牌洗碗机。通过对比分析这些品牌的广告，我们可以看到几大趋势：第一，所有杂志上的广告都是整页的，全彩印刷，而且都是在装修良好的厨房中突出展示洗碗机；第二，广告内容基本相同，都是重点介绍洗碗机的性能。他们的广告给人的感觉就像是在真空下的创作，好像杂志就登他们的广告，千篇一律，毫无新意。

整 合

Asko 充分利用了调研结果，以全新的、超越国产品牌的独特方式进军美国。其方式具体如下：

- 第一，强调 Asko 是清洁电器，是比其他洗碗机洗得更干净的电器，而不是整体厨具的一部分；
- 第二，用黑白广告页单独呈现洗碗机，而不是用彩页广告展示整体厨具中的洗碗机；
- 第三，在每则广告中通过对比展示 Asko 的优越；
- 第四，Asko 坦言广告经费有限，广告是定期刊登，所以顾客可以在近期的杂志上看到 Asko 的广告，电器商场和零售商也可乘机与 Asko 联络。Asko 频繁且主动的广告策略向商家成功展示了它的品牌优越性（见图 8-3）。

终于，在美国的头两年里，Asko 在全美范围内销售，其销量高达 8 位数。

弱势广告客户要向华尔街的商人们学习，打破惯性思维，改革创新。要知道：不走寻常路也未必是坏事。

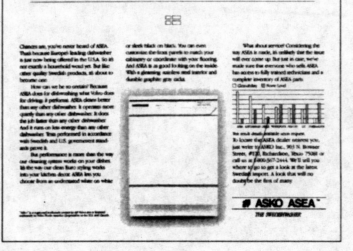

图 8-3　Asko 入门广告直逼前方对手，随后的广告

都以图形直观展现 Asko 的傲人业绩。

第九章

　　两军交战，人数优势极其重要……不到万不得已，大部队（人数最多）不可轻举妄动。

——卡尔·冯·克劳塞维茨

引自《战争论》

准则五：巧选战场

还记得上一章讲的普鲁士军事家克劳塞维茨吗？一位难得的军事奇才——他 12 岁参军，13 岁打仗，38 岁任普鲁士军校校长，当时世人都惊叹 38 岁的军校校长竟已从军 25 年！就在这漫漫的 25 年里，克劳塞维茨从未停止过对战争的研究和写作，最终成就了举世瞩目的战争巨著——《战争论》。

在《战争论》中，"力量原则"可能是克劳塞维茨最推崇的作战原则，他认为，古往今来的大型战役，胜利者往往是兵力最多的一方。

所以一味地追求精兵强将是不够的，兵力的数量也很重要。设想两军交战，你有 100 个士兵，对手有 200 个士兵，就算你的士兵个个骁勇善战，比对手强两倍，如果对手能歼灭你 20% 的兵力，由于你的士兵比他强，因此你能歼灭对方 40%。那么我们算一下，你这边 100 个士兵歼灭对方 40 个士兵，对方歼灭你 20 个士兵，可是对方的总兵力是 200 人，所以它可以歼灭你这边 40 个士兵（200×20% ＝ 40），最终你剩 60 个士兵，对方剩 160 个士兵，要是两边继续交战，兵力悬殊就显而易见了（见下页表）。

最初的兵力	你的兵力	对方兵力
	100	200
首次歼灭兵力	−40	−40
首次剩余兵力	60	160
二次歼灭兵力	−32	−24
二次剩余兵力	28	136
三次歼灭兵力	−27	−11
三次剩余兵力	1	125

所以，想仗着兵强马壮就把对方打败是不可能的。战场上，兵员的数量是至关重要的。克劳塞维茨在"力量原则"中就做过这样的推论：

> ……两军交战到了胜负关键时刻，若无绝对兵力优势，就需设法造成相对兵力优势——充分利用现有兵力。[1]

他接着强调：在交战的胜负关键时刻，调动多数兵力作战是最有效的用兵策略。所谓"交战的胜负关键"，是指战场上一个足以决定成败的关键性时刻。拿破仑就曾经说过：

---

[1] 引自《战争论》，第267页。

准则五：巧选战场

所谓战争的艺术，无非就是在胜败攸关之时，集中多数兵力背水一战。

打仗是这样，做生意、做广告也是一样，要想打败对手，就要学会谋略，学会排兵布阵。也就是说，假如你不能打败对手，就要尽量避免正面交锋；直到实力相当或略胜一筹，方可交战。换句话说，就是你的战场必须有利于你。

假如找不到国际性的有利战场，就找北美的有利战场；北美要是没有，就去美国找；美国东部没有，就去美国西部找，去得克萨斯，去达拉斯，去你住的街上找。总之，必须减少和对手的正面交锋，直到发现有利战场。

当然，不是一定要你找一个地方。你要找得到当然最好，如果实在是找不到具体的地方，就试着找具体的行业，看看这个地方有没有什么行业是对你有利的。

要是这也没有，那就看看下面这些能不能帮到你。

顾客战场

前面几章我们已经讨论了目标受众（顾客）的问题，也列出了不少吸引他们的指标，那现在你能不能成功地吸引你的目标顾客呢？或者有没有什么法子可以有效地争取他们的消费？要是不确定，就看看人家是怎么做的。美国 NBA 的新泽西网队就是一个成功的案例——新泽西网队作为 NBA 的专业篮球队，曾在 20 世纪 90 年代早期遭遇尴尬：因不敌当时如日中天的纽约尼克斯队，备受球迷冷落。

随后，新泽西网队重新调整广告定位和销售方案（球赛门票），争取另一部分目标顾客，那部分目标顾客既不狂热于尼克斯队，也不追随其他篮球队。新泽西网队的第一招就是避重就轻——避开球迷众多的曼哈顿地区，改战尼克斯队疏于"防范"的新泽西北部；第二招就是东成西就——放弃尼克斯队的专业球迷，争取家庭受众，也就是把球赛定义为供家庭娱乐休闲的活动，以消遣为主，胜负不重要。

通过这样的改革后，新泽西网队总算如愿以偿——球赛门票三年内翻了 3 倍，总收入达到 1700 万美元；当地赞助费用更是迅猛增长，从过去的 40 万美元飙升到了 700 万美元；此外球队的身价也今非昔比：过去是 400 万美元，现在是 1200 万美元。很显然，这已不是"身价"，我们最好换个词，"天价"或许更合适，你意下如何？[1]

用途战场

我想说的其实就是你的产品还有哪些用途是对手没有发现

---

① 参见 *Marketing Outrangeously*，第 64-67 页。

的。比如说运动鞋，以前的运动鞋是清一色的橡胶底，帆布料，颜色不白即黑。后来有些厂商动脑筋将运动鞋分门别类，我们今天所知所用的什么篮球赛、跑步鞋、网球鞋等等，就是这么来的。最后，运动鞋这一行就成了运动产品行业中的佼佼者。

试着想想，难道你的产品就不能再进一步分门别类了吗？难道所有的用途都被对手开发完毕了吗？难道你就不能做某行业的佼佼者吗？好好想，一定有！

季节战场

季节战场要求弱势广告客户善于观察，善于把握时机。顾名思义，就是观察对手都有哪些时间不在媒体上做广告，这段时间就是你要争取把握的时间，争取发布广告的时间。实践证明，弱势广告客户要是能在这段时间发布广告，效果往往事半功倍。

如果你的对手喜欢在秋天做广告，那你是不是可以避开这个高峰期，待到秋天过后再做呢？当然，具体时间可能不会那么理想，但你这么做最主要的好处就是避免了正面交锋带来的无谓损失。而且避开这个高峰期也绝对比跟对手一起发布广告要有效、要划算得多。

所以，我们要善于观察对手的"广告季节"，看看这一年当中有没有什么确切的时段是适合我们登广告，适合我们"一统天下"的。认真观察！

销售战场

销售战场又叫销售渠道战场，也就是指通过什么方式销售产品给顾客。它要求弱势广告客户总结自身产品的销售渠道，同时也要总结对手的销售渠道，看人家都是怎么销售产品的，看你们之间的销售方式有没有不同的地方。要没有不同的话，那是不是找个机会换一种销售渠道呢？不零售，直销如何？要不就通过代理商？

如果你们的销售渠道都一样，那还是换换好。不必都直接卖给顾客，可以让供应商、零售商、代理商或其他销售商去卖呀！

几年前迪凯思就因为广告开支有限，竞争强手如林，不得不改变传统的销售方式，直接将广告定位在广大的服装零售商，让他们来帮着卖迪凯思服装，像沃尔玛、卡玛特都卖过迪凯思的服装。之所以这么做，主要有三个原因：第一，只有商家才能决定哪些品牌能在商店出售，如果迪凯思不能拿下零售商，那迪凯思品牌就进不了各大商场；第二，迪凯思公司广告开支有限，跟广告开支大的服装公司没法比，不能像他们那样在商务杂志上频繁登广告，强力宣传；第三，调查显示，多数大型服装品牌极少会在商务杂志上做广告。总之，迪凯思这一招笼络了众多零售商，其服装也成功进驻了各大商场和超市。

图 9-1　迪凯思商业广告锁定工服零售商，
奠定迪凯思工服的霸主地位。

　　此外，一家独立市场调研机构的零售商调查显示，迪凯思一连 5 年成为零售商的主打服装品牌，销量更是居高不下。

媒介战场

　　弱势广告客户的又一个有利战场就是媒介战场，你们可以去看自己的对手都在哪儿登广告，或者没在哪儿登广告。假如他们在电视上打广告，那你是不是可以反其道而行——去杂志、电台或网上登广告呢？反正是去找对自己有利的媒介就行。

下面，我们就以 Amalie 内燃机润滑油做个案，分析弱势广告客户如何恰当选择广告媒介。Amalie 的竞争对手都是大型润滑油企业，像赫赫有名的 Pennzoil 和 Quaker 公司，而 Amelie 微薄的广告开支根本无法在各大媒介上宣传造势。不过还好，他们在美国东北部找到了希望——Amelie 全程赞助美国棒球电台的棒球赛事广播，通过电波，Amalie 俘获了一大批经常收听棒球队电台的听众们。所谓"有得必有失"，与此同时，Amelie 也放弃了不听棒球电台的受众们；不过，抓住了所有棒球队电台听众，对 Amalie 来说也是值得的。

分支战场

对弱势广告客户而言，要在整个行业中去找有利的"战场"是不大可能的。不过再大的行业也要分工合作，有分工合作就会有分支战场。著名的木门制造商 Wing Industries 就是分支战场的一大赢家。Wing Industries 从一开始就意识到自己没法跟整个门窗行业竞争，于是毅然放弃全方位的门窗生产，专注于室内木门的生产，尤其是壁橱的对开门。Wing Industries 的壁橱门品种款式是门窗行业最多的，建筑供销商需要壁橱门通常头一个想到的就是他们。如今 Wing 已经是世界上最大的木质对开门制造商，是当之无愧的"木门王者"。

准则五：巧选战场

案例分析：美国爱慕思宠物食品公司

在 20 世纪 80 年代，人们通常去超市购买狗粮。那时候，美国爱慕思（Iams）宠物食品公司推出了一款高价狗粮。可当时的爱慕思还不出名，是十足的弱势广告客户。公司意识到这款高价狗粮不可能在传统的杂货店内销售，因为那里已经堆积了像罗尔斯敦—普瑞纳①这样的高级宠物食品，以及多达 150 种可供选择的宠物食品品牌。而那时候的爱慕思是没钱打广告的。

于是，爱慕思想到了另一种销售渠道，那就是通过兽医来卖狗粮。不过很可惜，当时的兽医只买希尔斯兽医科学配方公司（Hill's Seience Diet）的账，也只卖希尔斯的狗粮。还好，"皇天不负有心人"，爱慕思想到了另一群足以左右宠物主人消费的"宠物意见领袖"们，那就是饲养员、饲料供应商。这样爱慕思只需要给这些"意见领袖"们提供有关狗粮的信息和狗粮样品等，就可完成预期任务。

今天的爱慕思已然跻身美国第七大宠物食品公司之列，并始终坚持"宠物意见领袖"销售法。如果现在爱慕思加大广告投资，抑或开辟新型销售渠道，那它毫无疑问会成为宠物食品

---

① 罗尔斯敦—普瑞纳（Ralston-Purina）是美国第二大宠物食品制造商，现已被雀巢公司收购。——译注

行业的 NO. 1——因为他找到了自己的优势战场。①

准则五　小　结

《弱势广告客户学》的第五条准则，大致就是劝诫弱势广告客户要善于选择优势战场，可以是顾客战场、季节战场、销售战场、媒介战场、分支战场，或者是上述一两个战场的巧妙组合。但是不管你怎么选，切记找到有利于自己的战场才可"上阵杀敌"。

---

① 参见《激进营销》（Radical Marketing），第 99-121 页。

第十章

全力投入手头的工作，阳光只有聚焦才能产生火花。

——亚历山大·格雷安·贝尔

准则六：集中开支

也许弱势广告客户所犯的最大错误，就是想用有限的广告预算开展广泛的市场业务。就像人们碰到难得一见的发展机遇，总是想方设法抓住不放一样，觉得个个都是难能可贵的机会，一个都不愿放手。其实抓这么多又有什么意义呢？第一个机会用点钱，第二个机会又会花点钱，第三个机会还会用钱，"哪一个都不是省油的灯"，没完没了……

结果呢，我们只能分散手中有限的广告开支，去应对这一个个"难能可贵"的机会。

我个人有一段经历很能说明这些问题：我曾经开着自己的红色雪佛兰在公路上超速行驶，被交警抓住开了罚单。当时我没有争辩，主动承认错误，交警也很满意我的配合。不过，我觉得自己一直跟着车队走，怎么会被发现呢？交警问我有过捉鸭子的经历没有，我坦言没有，他就告诉我：如果你前头有一大群鸭子而你想一网打尽，那是不现实的，挑一两只来抓倒有可能。意思就是违章超速行驶的人很多，可又不能全罚，所以我就有幸中选了。

我讲这段经历，不是想奉劝大家平安驾驶，而是在强调一

— 93 —

如何战胜强大的对手

个事实——正如不能一网打尽所有的鸭子一样，弱势广告客户也别奢望一次性"霸占"所有的机会，大家最好是"挑肥拣瘦"一点的好。

面对强势的对手和微薄的广告开支，你要做的就是集中所有的广告经费，全力争取目标客户。现在你就可以回顾自己公司近期的广告开支情况，如果能列出公司的整体开支那就更好（包括媒介选择、商务会展、销售业绩等等）。现在就做吧，等会儿可能忘了！我不清楚你公司的具体广告开支，不过我敢打赌：你现在至少选了两家媒体做广告，而且还想多选几家。

如果确实是那样，那你的当务之急是必须全力锁定那些最有可能购买你的产品的顾客。要成功争取这部分顾客，先要考虑下面三个问题：

- 哪些顾客最有可能买你的产品？
- 你要如何才能全力争取到他们？
- 你有足够的市场开支来争取他们吗？

要是钱不够，没法争取全部目标顾客，那就分散开支先争取小部分顾客；要是这样也不行，那就继续分散开支争取更小部分的顾客。总之，再少的顾客也不能放弃。

我这么说你是不是都冒汗了——是不是觉得自己正在一步步地放弃某些目标顾客？要是这样，那你就想办法帮帮自己，

— 94 —

准则六：集中开支

花点儿时间考虑考虑就这样一步步分散广告开支，自己能否承担其带来的经济损失？就个人猜测，你的损失一定大不了多少。知道为什么吗？因为你没有大手笔的集中开销，自然不会有大笔的损失。

CinemaTech Seating——家庭影院坐垫①供应商，希望他们公司的新产品出现在拉斯维加斯的消费电子产品展上，却只有一个小展位和很少的预算。他们找到我们，要和我们商讨怎样才能使他们的产品脱颖而出。我们不得不实话实说，限于他们所给的资源，脱颖而出不可能。然后我们问他们：如果有55%的人光顾他们的展位，这算不算一个成功？毫无疑问，回答是肯定的，而且丝毫没有犹豫。

为此，我们让 CinemaTech 的 150 个销售员扮成顾客聚到其展位上。此举目的是让这 150 个人增加一下展位的人气和排场。

接着，一张传单（见图 10-1），发到了这些观众手中，还包括一张展示 CinemaTech 坐垫品牌的 3D 光盘、一副 3D 眼镜。所有这些共同构成了 CinemaTech 展位的邀请函。该邀请函还声明，观众凭此券到展位还可领到一把椅子作为礼品。

---

① Consumer Electronics Show 是一个全球的消费娱乐展览，每年按月份在美国内华达州、拉斯维加斯举行。各个著名厂商/名人要在这几天铆足劲，把自己最好的东西让全世界见识一下。——译注

图 10-1　Cinema Tech 邀请函中装有一副 3D 眼镜和
一张个性坐椅的免费赠券。

赠送椅子还有一个目的：CinemaTech 方代表会将来访者的姓名刻在椅子背上，正面则印上 CinemaTech 的铭牌，然后亲自由 CinemaTech 方代表递到来访观众的手上。

总体来讲，这个方案在很短的时间内与观众进行了三次互动——第一次是赠送 3D 眼镜，接着是展现生产线，最后是送椅子活动。这使 CinemaTech 看起来声势浩大。

这个计划起到了爆炸式的效果！不但圆满完成了 50% 的目标，另外也吸引了其他参展观众。事实表明，就这一个晚上，展会结束，灯都关了，CinemaTech 的销售员还和客户交流着，处理源源不断的订单。

另一个事例中可供弱势广告客户参考的原则还是"集中开支！集中开支！集中开支！"

绝对伏特加是瑞典 1980 年在美国推出的新产品。当时的市场只承认俄罗斯宝路，于是绝对伏特加之梦破灭了，瑞典品牌没能在俄罗斯纯正血统的伏特加行业站住脚。

为了获得伏特加市场的一块大蛋糕，绝对伏特加在媒体与信息处理上表现专注，它提供单一化信息，即该品牌技艺精湛：生产历史可以追溯到 1879 年，特色工艺在于其蒸馏过程，以及高质量香料，等等。为了突出技艺精湛这一优良品质，绝对伏特加毅然舍弃了其他诸多优势，因为他们相信这个单一的信息可以击败其竞争对手。

绝对伏特加在媒体应用上也集中专一：第一，他们集中地把广告登在杂志的封底，这个战略使其获益颇丰；第二，它保证了最大的广告曝光度，毕竟人们浏览一本杂志的时候，不是从前翻起就是从后，这对于绝对伏特加就是一个机会，它很有可能就在桌上等着你去发现它。也许这几率并非 50%，但总比在杂志的某一页要强得多。

在杂志封底做广告不仅增加了曝光率，而且与普通广告划出了界限，使绝对伏特加脱颖而出。这种至尊与唯一性也加强了其品牌效应。

想知道这种广告策划专一与连贯的效果吗？绝对伏特加现在已经成为世界第二大伏特加品牌，仅次于俄罗斯宝路，但却遥遥领先于其余所有伏特加品牌。毋庸置疑，绝对伏特加已经不再是弱势广告客户了。[1]

克劳塞维茨曾经这样说：

最简单的法则莫过于：找到一股力量，加强、再加强。除非万不得已，不要分散力量。

——这简直让人无法相信，但它经过了几百次的证实。

——部队被一种神奇的力量分裂，却无法得知其原因。[2]

---

[1] 参见 Eating the Big Fish，第 127-130 页。
[2] 摘自《战争论》，第 276 页。

集中开支是不二法门

　　我所提到的集中开支并非要求你花费过多资金进而影响你对市场机会的把握，一旦你已经对主要的客户群胜券在握，你可以扩展市场规模到新领域扩大客户群，但前提必须是你已经对主要客户群了如指掌。

　　比如，你要营销某种食品——就拿牛奶打个比方，首先定位你的客户最有可能在哪里，调查他们有多大潜力购买你的品牌牛奶（见下坐标），最左端的是那些不管在什么情况下都不会购买牛奶的客户群，最右端是最想买而且是最想买你的牌子的客户群，中间的坐标数值表示客户群对你们品牌牛奶的兴趣度。

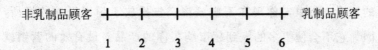

非乳制品顾客 ┼──┼──┼──┼──┼──┼ 乳制品顾客

　　　　　1　　2　　3　　4　　5　　6

下面说明各个坐标点的具体情况：

- 坐标点 1　这类人不准备去食品店买牛奶或者根本不爱喝牛奶。

- 坐标点 2　这类人喜欢牛奶但短期不准备去超市买牛奶。

- 坐标点 3　这类人计划去你们放牛奶的地方转转。

- 坐标点 4　这类人最近要去你们放牛奶的地方转转。
- 坐标点 5　这类人正在你们品牌牛奶处转，但是没有打算这次购买。
- 坐标点 6　这类人在超市你们牛奶放置处出现，并决定购买它。

　　坐标 6 暗示我们，牛奶最好卖给在超市奶制品专卖区出现并决定购买牛奶的客户。因此，首要的是要吸引最有潜力的购买者，这可以用超市的某些标志来搞定，或者打开些样品来达到这个目的；也许你可以通过让利打折。我要指出的是，2003年的消费亮点研究表明，平均利润最大的是产品贴上了打 8 折标志的那些。①

　　有一点你可能发现，坐标 4-6 的客户可能没有消费掉全部的预算。所以，你现在不应该将广告投放于超市以外的场所，因为它不会使更多的人到超市购买你的产品。最有效的营销就是引入一个超市宣传方案来配合。这个辅助性方案不用很贵，它比牛奶本身的广告要便宜得多。

　　如果实施了以上方案，你还有一些资金，你完全可以再去挖掘一下坐标点 1 和 2 的客户。

　　法则 6 可以总结如下：克众难于克寡，不要分散你的资金！

---

　　①　引自 DSN Retailing Today6/9/03.

第十一章 _____

有一分勇气就有一分坚持。

——政治评论员　佩姬·努南

（Peggy Noonan）

准则七：稳定执行

1986 年，美国低成本汽车旅馆连锁店六元汽车旅馆①，请德州达拉斯的理查德集团（The Richards Group）为其操刀新广告片。理查德集团（Richard Group）的创意总监发现，全国公共广播网②阿拉斯加家居时尚风云评论员汤姆·博迪特（Tom Bodett）的声音相当符合汽车旅馆的形象，于是立刻飞往旧金山邀请博迪特试音。

事实证明，他们是天作之合。直到今天，六元汽车旅馆的广告词还是那句博迪特的"我们为你开一盏灯"。人们一听到这句话，就会想起六元汽车旅馆，一想到旅馆 6 号就能想到博迪特，在顾客心中，他们是联体的。

其实刚开始很多公司都是先在电台打广告，后来才延伸到电视台的。六元汽车旅馆也是这样，一直跟随博迪特，向广大顾客展示了一个真诚、舒适的美国南部特征广告。

---

① 美国六元汽车旅馆始建于 1962 年的加利福尼亚州圣塔巴巴拉市，当时房价每人每夜仅六元，因此得名。——译注
② 全国公共广播网位于华盛顿特区，拥有世界上最大的非商业性卫星传送无线电传送系统，含午间新闻、国事纵谈、今日演出等。——译注

到 1999 年，六元汽车旅馆超越假日酒店成为全美最著名的旅馆，而汤姆·博迪特依然在"为你开一盏灯"。这则广告一直使用 13 年之久，真是不可思议！

弱势广告客户第二大错误

如果说不能集中开支（参见第十章）是弱势广告客户所犯的最大错误，那不能稳定执行就是第二大错误。

弱势广告客户往往在策划还没执行多久的时候就喊停，他们厌倦自家广告的速度比公众都快。就像老话说的："亲昵生狎侮。"（过分亲密易生侮慢之心。）也确实是，除了弱势广告客户自己，再没有别人比他们更亲近自己的广告了：他们参与广告策划、制作，在办公室向同事展示广告，回家还向老婆、孩子、父母、朋友、邻居秀广告，所以广告还没在杂志刊登或在电视里播出，他们就看了不下四五十遍，也难怪他们头一个烦自己的广告！

美国沃尔特·克莱斯勒汽车公司[①]有一段办公室插曲，很能说明这种现象：有一天，老板克莱斯勒去广告部经理办公室，

---

① 克莱斯勒汽车公司是美国第三大汽车公司，创立于 1925 年，创始人名叫沃尔特·克莱斯勒。其汽车销售额在全世界汽车公司中名列第九。它的前身是麦克斯韦尔汽车公司。该公司在全世界许多国家设有子公司，是一个跨国汽车公司。公司总部设在美国底特律。——译注

看到墙上的杂志广告后就问广告部经理那个广告已经刊出多长时间了。经理告诉他至今还没有刊出过。

看出来了吧？——那个广告根本就没面世，而克莱斯勒就觉得它已经上市很久了，因为他自己提前看了很多遍，甚至都已经有了另换新广告的打算。

但事实上，公司对广告的熟悉程度跟公众的熟悉度完全是两码事。有可能公司看了上百遍的广告，公众才看两三遍。有点不可思议，是吗？更糟的是，公众还得看其他的广告吧？有关专家估算过，大多数美国人日均信息接受量多达 3000～8000 种。所以就算你的广告一天播个 3000 次或 8000 次，公众也不嫌多。

因此，现在很多公司的广告普遍存在"厌食"现象，而非"暴食"。公众想看的广告还没看够，很多公司就停播了。——典型的广告"厌食症"。

看看自己有没有患"厌食症"，考虑两大问题就行：

第一，你公司多久换一次广告策划？一星期？一个月？一年？还是一年以上？

第二，为什么要换？是因为效果差？市场行情不好？还是你已经厌烦它了？

如果是你有心换你的广告，最好事先找出非换不可的理由。

另外，弱势广告客户还有个毛病，就是频繁传输不同的广告信息给同样的受众。他们喜欢同时做很多不同内容的广告。这样只会让广告效果大打折扣。你想想，一个广告说一个东西，除非你有足够的广告预算，否则就可能导致顾客对广告信息的混淆，导致原始广告信息不能正常发挥作用。

所以，不论你是频繁更换广告，还是频繁传输信息，广告效果最终都会缩水。

那该如何是好呢？

找一个中意的广告策划案，一直用下去。毕竟你已经花了大把时间在上面，研究它，揣摩每一个细节，然后做了二次纵览全局式的评估，最终确定这是对你们产品最有利的广告，然后你们不惜重金把它变成成品，还要付钱给媒体，因此，你必须给机会让它面世。

一旦你选中了一套广告方案，市场的调节作用可能会导致你对方案进行某些改动。不要迷失其中，请在原来的基础上进行变更。

Flowtronex 是美国最大的高尔夫灌溉系统的供应商。它并不生产具体的设备，而是提供集成服务。它是一个知名品牌，就好比托罗（锄草机、灌溉系统）^①、雨鸟（灌溉系统）、强鹿（锄草机）^② 和陶氏（草肥）^③ 这类品牌一样。

为了巩固在高尔夫建设领域的地位，Flowtronex 启用了一套这样的方案，重点放在高尔夫草地管理员遭遇不可信赖的水泵系统时的顾虑和恐慌之后，Flowtronex 像灵丹妙药一般被请出解决问题。更特别的是，一种名为"泵站恐惧症"的医学名称出现了。顾名思义，这是一种由于害怕泵站出现问题引发的恐惧症。Flowtronex 的每一则广告都是将一个难题及其解决用卡通的形式展现出来，用一连串元素——包括那个（曾经患有泵站恐惧症的）解决问题的高尔夫球场管理员。经过了两年的广告，Flowtronex 进入了高尔夫球场管理界杂志。这份杂志做了一个读者民意测验，调查比较广告的表现情况，84% 的被调查的读者表示他们对 Flowtronex 的广告有印象，是那个所谓

---

① 美国托罗公司成立于 1914 年，总部位于美国明尼苏达州明尼阿波利斯市，一直是世界高尔夫球场、园林、运动场草坪维护及灌溉设备制造业的先锋。——译注

② 美国约翰·迪尔（John Deere）世界首屈一指的生产农用机械、工业设备和林业设备的跨国公司。由于具有巨大的服务网络和零件分销系统，以及产品本身卓越的性能和品质，超凡动力的强鹿牌柴油机已经被广泛用于工业、农业、发电、船舶、汽车等用途。在发动机行业占据着显著的地位。——译注

③ 陶氏是一家多元的化学公司，运用科学、技术以及"人元素"的力量不断改进，推动人类进步。——译注

如何战胜强大的对手

"泵站恐惧症"系列之一的那则。

导致如此高的关注度有很多的原因，但有两点比较重要：

1. 因为一个广告运行了两年，印象已经形成了，所以让人形成了一定的意识。所以，当调查员问读者有什么特别的广告时，大多数人记得它，毕竟，该广告在他们面前已经出现过无数次了。

2. Flowtronex 总是放在杂志每一期的同样位置上。该广告的连贯和一致性不止表现为外在形式和内在信息，还表现在位置上，使得读者已经习惯了他们的位置。（记住，这是"绝对伏特加"曾经用过的营销策略。）

图 11-1　Flowtronex 在高尔夫球场护理中介绍泵站恐惧症。

不要频繁更新广告方案

频繁更新广告方案会使观众还没来得及在脑中构建产品的形象就被破坏，从而功亏一篑。你的客户并不会急不可耐地等待你广告的出现，他们要经过多次反复的视觉与听觉的完整加工才能有一定的印象。有一个规律，就是我们的方案要在客户面前出现 3—8 次左右，客户才能在头脑中加工。大致的加工过程如下：

第一次露面，你的信息出现在客户的雷达屏幕上。然而，你不得不承认，客户此时还没有意识到信息在表达什么。

第二次露面，这一次你的客户开始注意广告，但是可能并没有仔细地听内容是什么。

第三次露面，如果你足够幸运，你的客户可能将获取的信息进行了加工。照这样看来，你可以评估一下他们对该广告的意识程度。

第四次露面，你的客户开始对你的广告产生兴趣，他不光开始意识你的产品，他正考虑该如何提高他的生活质量。

第五次露面，兴趣无意识地增加。

第六次露面，广告引发了反馈。

关键点在于，你的广告要经历长期艰难的反馈期。丝毫的失去耐心，都有可能导致整个广告策划付诸东流，扼杀成功的机会。重复是上策！

频繁更新广告方案也导致了在广告上不必要的花销。这样的钱完全可以付给更多的媒体，让更多的客户可以看得到广告。多花在广告制作上的每一分钱，却意味着本可以传递给客户的信息减少了一分。

最后，频繁更新广告方案也会给客户带来多元化的信息，从而模糊、混淆客户对产品的印象。如果每则广告都不同，你的客户就不再想了解你们的产品，因为他们认为你的产品像"品格分裂"一样，对产品大为不利。结果是你的营销策略彻底失败。

一个实用的规则是：典型的弱势广告客户通常都没有太多的资金维持庞大的广告经费，在不到一年的时间里供应一个广告。然而，一个好的广告方案是一定要几年不计花销地投入，毕竟，万宝路牛仔与乔利·格林·贾恩特（Jolly Green Giant）已经跟随我们很久、很久。

所以，让我们坚持不懈，一鼓作气吧！

第十二章

顾客购买的是产品的用途和价值，也就是产品的质量。

——彼得·德鲁克

（Peter Drucker）

准则八：展示价值

市场开发机构的工作不是出售商品和服务，他们要做的是为消费者创造价值。"价值"可以让你的产品比竞争对手更独特、更优越。

20世纪最伟大的品牌创始人之一理查德·布兰森（Richard Branson）是一位来自英国的商人。1969年，布兰森在伦敦创立维珍唱片公司，经营邮购唱片生意。由于唱片和磁带的售价低于其他音乐品牌，维珍在唱片销售领域取得了意想不到的成就。但维珍却志不仅此，布兰森先生还在其他行业经营业务，他的目标是为其他行业的消费者提供像维珍唱片一样的高价产品和服务。① 而布兰森也形象地称自己的目标是"大坏狼（Big Bad Wolf）"计划，他说：

> 现在我们开始瞄准顾客往往怠慢的行业，瞄准对
> 手狂妄自大的行业（那些目中无人的企业就是布兰森

---

① 如今，维珍（Virgin）是英国最大的私营企业，旗下拥有近200家公司。——译注

的"大坏狼")。不论何时，维珍都有机会超越对手。因为我们有对手没有的先进理念，我们倡导信任、鼓励创新、主张友爱。有了这种科学的企业文化，我们不愁企业不壮大，不愁品牌不响亮。

乍一看觉得很奇怪：一家知名品牌为何需进军与现在业务毫不相关的行业？其实这正是布兰森的高明之处。因为维珍这个牌子代表的就是创造价值，不论是做音乐、做金融、做航运，还是卖可乐、卖婚纱，维珍都是价值的代名词。

就拿维珍航空公司来说，布兰森就暗地里在跟英国航空公司较劲，因为他觉得英航不能为乘客提供良好的价值享受，尤其是那些往返欧美的洲际乘客。因此，维珍航空专程为远途乘客提供轻松愉快的空中服务——乘坐维珍航空的班机，可以花商务舱的钱享受头等舱的待遇。有更多的食物、更好的电影。服务人员更比其他公司多了三四倍，绝对是优质的航空服务！最后，每位乘客还能免费获赠自己用过的耳机。

维珍的头等服务向广大乘客展示了维珍航空的优越价值，维珍航空也因此成为当今世界第二大远途航空机构。[1]

由此说来，维珍是个地道的弱势广告客户，他全部的商业

① 参见《激进营销》，第 162-178 页。

理念就是在不断寻找并击败没有"价值"的大型企业。为什么？没有为什么。倒是你们，如果想成功，就有义务展示自己的价值。所谓万物皆有因果，顾客之所以放心购买对手的产品，无非就是因为风险比较小而已。

"价值"是广告界常用的词儿，那究竟是什么使事物有价值呢？

《韦氏词典》是这样定义"价值"的：（1）价值是购买商品或服务得到的同等回报；（2）价值即货币价值；（3）价值即有作用、很重要。

韦氏的价值定义与我们说的相差甚远，何况不同的人对不同的事有不同的价值观念。所以我们最好一码说一码——根据《弱势广告客户学》定义价值。

其实并不复杂，消费者通常有四种价值定义：

- 价值就是低价。（"我们渴望最便宜的价格。"）
- 价值是我从产品和服务中收获的回报。（"产品性能跟预期一样或更好。"）
- 价值是我花钱得来的质量保证。（"我买的越贵，质量就应该越好。"）
- 价值就是自主消费得来的回报。（"你花钱，你拿货。但货的质量可能不够好，可你也不用多花钱。"）

当然，通常你的顾客会根据你的产品和服务给出相应的价值定义。如果你的产品是定位在低端消费群，那么对顾客而言，你的产品价值就是低价；相反你要是卖劳斯莱斯汽车，那你的产品价值对消费者就是要有质量保证。

所以，我们现在先停停，回答一下问题：问问自己是怎样为顾客创造价值的。也就是说，你究竟用什么法子让顾客心甘情愿掏腰包买你的产品。我们这里就有些现成的产品增值点子：

- 展示产品的质量优势。
- 描述产品无与伦比的独特魅力。
- 展示产品的服务效率。
- 展示产品的快速订货渠道。
- 展示产品的长期质量保证。
- 展示产品的快速送货通道。
- 展示产品的地理优势。
- 展示产品的近期动向。

不过，这些个法子只能帮你增加产品的附加价值，要想打赢价值这一仗，还是必须跟其他对手较量，让自身产品展示独特和优越的特质才行。

准则八：展示价值

我们知道的著名零售商沃尔玛①，早期只在一个小城镇经营，只跟当地的专卖店和百货商场竞争，可是当地竟没有一家能在品种和价格上超越沃尔玛，就这样沃尔玛火了，相当火！谁能想到初出茅庐的沃尔玛会成为当今世界的头号零售商？

我们的另一位客户 American Designer Pottery，专门生产仿造赤土花盆。因为仿真度高，用的又是人造材料，所以它的产品比正品赤土花盘更轻便、更容易移动，也不漏水、不易碎、不褪色，自然，也更便宜。

再加上 American Designer Pottery 在家居和园艺杂志上的两则广告（见图 12-1），更是使这种花盆突破了百万只的销量。

这里有个顾客常问的问题，你试着回答一下："别人比你卖得都便宜，我为什么要买你家的？"要是你能回答，那你的产品和服务就无人能及了。你也就可以向世界展示你的产品，展示它的魅力！

所以说对弱势广告客户而言，平价销售还是不够好。顾客放心买你对手的产品，不就是因为它比你的产品有价值，比你的有保障吗？因此，你不也该露两手，展示展示自家的产品价值吗？

---

① 沃尔玛公司由美国零售业的传奇人物山姆于 1962 年在阿肯色州成立。经过四十多年的发展，沃尔玛公司已经成为美国最大的私人雇主和世界上最大的连锁零售企业。沃尔玛在全球开设了 6600 多家商场，员工总数达 180 多万人，分布在全球 14 个国家，中国的北京和上海均有分部。——译注

如何战胜强大的对手

图 12-1　展示 American Designer Pottery 花盆的价值，

何须只言片语？一幅画足矣！

第十三章

全速前进！让该死的鱼雷见鬼去吧！

——大卫·D. 法拉戈特

于 1864 年摩拜尔湾战争

准则九：速度惊人

速度和惊人是弱势广告客户的两大优势。不同于大型公司的官僚作风和高度集权，弱势广告客户的公司的行动速度要比他们快得多，也简洁得多。再加之弱势客户本身比较弱小，像是大公司船下的雷达装置——渺小且易被忽视。

而将速度和惊人联合起来，多半是因为没有神速，惊人也无从谈起。再者，双方强强组合，能够打破局势均衡，拉开大小公司的差距，强势客户必定会对小公司的市场和广告行动另眼相看。

军事史学家克劳塞维茨就高度重视"惊人"，他认为"惊人"是一切作战的前提和基础；① 强调速度和保密是"惊人"的关键。要想攻其不备，就必须高度保密；要出其不意，则必须迅速出击。如此，敌人才会措手不及。

一次性尿布品牌尿不湿就很有"惊人"天赋。当年美国德州的休斯顿是尿不湿的首选根据地，可当时的休斯顿尿布市场已是名牌云集，像金佰利好奇纸尿裤、宝洁 Luvs 尿布和帮宝适

---

① 参见《战争论》，第 269 页。

尿布等，早已盘踞在此。为了遏制尿不湿的发展，宝洁公司就在休斯顿各大超市赠送"帮宝适2美元"的返券（凡购买帮宝适者下次再买时凭券立减2美元）。

而尿不湿为迎战帮宝适，就在原有返券基础上开发了新型的"变卖返券"，即顾客可以拿帮宝适的返券支付尿不湿，同时尿不湿又会赠顾客一张返券，顾客在超市收银台同时出示这两张返券就可立减3美元。就这样，尿布湿每卖一件尿布就要占帮宝适1美元的便宜。零售商也无意当中帮了尿布湿的忙，因为超市规定如果帮宝适的"两美元返券"和尿布湿的"变卖返券"分开使用的话，零售商可以拿帮宝适的返券去宝洁公司换现金。

不仅如此，尿布湿还推出了"三倍优惠"券，即凡顾客持有Luvs、帮宝适或金佰利好奇中任意一个品牌的返券去购买尿不湿，就能立刻获赠尿不湿的返券，金额为其他品牌的3倍。（如果用帮宝适2美元返券购买一件尿不湿，即可获赠尿不湿的6美元返券，用该返券再买尿不湿时立减6美元）。世上有哪位顾客能拒绝这样的诱惑？就这样，三大尿布品牌集体出局，尿不湿成功占据休斯敦，树立了一代物美价廉的品牌尿布形象。

由此可见，小小尿不湿对阵三大尿布霸主时，不仅面不改色、胸有成竹，后期攻略更是步步为营、速战速决，令对手应接不暇！究其原因，自然是对方轻敌了——太小看尿不湿，也太高估自己了。①

因此，尿不湿才有机可乘，才在南美洲货币危机前，在过度扩张前，于 1993 年位居世界 500 强首位，总资产达 4 亿美元，在 7 个国家设有分部。

在第十一章，我给大家介绍了我们公司的客户——世界高尔夫球场喷灌系统的供应商 Flowtronex。它不做具体的装置，像喷洒器、电子管和输送管都不做，它主要是向灌溉界的知名企业，比如雨鸟、托罗等提供配套的喷灌系统。到了 2000 年，雨鸟公司得到了一套小型喷灌系统，并打算使用这套新款的电脑控制喷灌设备，而该设备只能运用于雨鸟泵站和雨鸟灌溉系统。

如果高尔夫球场打算使用这套高端灌溉系统，那就得购买整套系统，而且还是从雨鸟一个卖家手里购买。要真是这样，那其他喷灌企业的日子就好过不到哪里去了！

所幸 Flowtronex 有先见之明，它早早地就设计了一个可以兼容世界任何品牌的灌溉系统。

其实这么做对 Flowtronex 既有利也有弊。利的一面，是世界上其他的喷灌厂商可以通过购买它的这套系统打破雨鸟的垄断；弊的一面是这丝毫不能动摇雨鸟在高尔夫球场的地位——如果雨鸟不跟 Flowtronex 合作的话，高尔夫球场还是会选择雨

---

① 参见《弱势广告客户营销》（Underdog Marketing），第 21-31 页。

鸟喷灌系统，拒绝购买 Flowtronex 系统。

在 2000 年一个重要的高尔夫球场护理展览上（该展览旨在护理高尔夫球场上的草坪的成长），雨鸟公司就将这款高端喷灌系统推向了市场。为打击雨鸟，Flowtronex 策划了一起广告活动，旨在宣传自家系统的"兼容性"，抨击雨鸟系统的"自私性"（见图 13-1）。为了产品和广告的保密，直到展览开始，Flowtronex 的广告才浮出水面，正式面向公众。而这时的雨鸟已回天乏术了。

图 13-1　Flowtronex 广告展示其电脑全自动控制的喷灌监管
系统可兼容任何品牌的灌溉系统。

可事儿还没完。Flowtronex 联手所有重量级喷灌商和高尔夫界的意见领袖共同阐述自己的新系统，向顾客展示自己产品的兼容性。有了主要喷灌商的支持，Flowtronex 开始向雨鸟展示同样的系统装配。鉴于此时大多数喷灌商都已同意购买Flowtronex 系统，雨鸟只有两个选择——要么跟 Flowtronex 合作，要么出局。

开始雨鸟对 Flowtronex 不屑一顾，直到广告播出，直到自己的对手都跟 Flowtronex 合作，雨鸟立刻转变态度，主动来跟Flowtronex 合作了。

你够快吗？

正如前面所说：速度是弱势广告客户少有的优势之一。但优势归优势，能否发挥出来还得看弱势广告客户的。例如下面的问题，各位弱势广告客户们有没有考虑过呢？

- 你公司策划的决定和执行速度是不是都比对手快？
- 你是否愿意迅速决定并执行策划？既然要求"速度"，那自然不会有太多的市场检测和对手研究，你必须在对手没任何防备的时候出奇制胜，如若失败才可考虑其他。
- 你的企业文化是否包含激励员工迅速行动的一面？
- 你的对手能适应你的快节奏吗？如果对手在你行动后第

二天就能应付自如的话，这时候任何攻击性或冒险性的举动都是无益的。

● 你有哪些市场项目的执行速度可以超过对手？或是哪些市场项目经发展后能超越对手的执行速度？

随着商务科技的日新月异，公司决策的时间往往都被浓缩了、减少了。当然这里不包括你的强势对手，因为他们的公司往往人多、部门多、管理也多，要做出大决策还是得走不少程序、花不少时间的。如果你做事老是"速度"当先，那他们也没辙，只能围着你转，跟你打游击战。

你够保密吗？

由于弱势广告客户的市场活动经常被对手忽视，所以那些让人意想不到的市场宣传和广告策划总能奇迹般地获得成功。克劳塞维茨就主张"惊人"是一切作战的前提和基础，不仅要在歼灭人数上达到惊人，在打击士气、动摇军心上更要惊人。

好了，现在就开始实践。请大家抽点时间列张表，把你可能采取的让人意外的、让对手乱阵脚的攻击性方案统统写下来。当我们强调"速度"的时候，重点必须是对手，而不是你的产品和顾客，因为我们的目的是要打破敌我的局势，逼迫对手回应你的行动，而不是回应市场的行动。兵贵神速，我们也是一样，出手要快，还得隐秘。

我想问一下：你们知道要采取哪些措施才能确保你在"惊人"行动中避免腹背受敌吗？克劳塞维茨认为：大脑中的惊人举动可能形式各异，但行动中的惊人壮举往往只是整体作战的力量。[①] 有一份报纸《21世纪报》解释"惊人"一词说：惊人是个不错的主意，但它可能在行动中灭亡。我们在这里引用美国前任总统候选人罗斯·佩罗（Ross Perot）的话来说，就是："细节是魔鬼。"（The devil's in the details.）

所以大家最好仔细想想：你们公司内部有哪些人或事会妨碍策划的执行速度和保密措施？

实际上"速度"和"惊人"是同等重要的策略，弱势广告客户必须信任且愿意执行它们，才能从中受益。

---

① 参见《战争论》，第270页。

第十四章

天才只是比常人更有耐心而已。

——本杰明·富兰克林

准则十：耐心等待

本书的第 10 条准则，内容比较简短，也比较轻松，但还是有点虚张声势的味道，跟准则一的逆向思维和准则二的敢于冒险一样虚张声势，却也是不容小视的。

大家都知道，弱势广告客户对消费习惯和顾客喜好的变化通常不能作出迅速的回应。因为广告开支有限，所以广告水平也有限。而一个较低水准的广告策划会导致产品的知名度提升缓慢；产品知名度提升缓慢，预计销售量的估算也会跟着慢下来；预计销售量的估算慢了，执行力度也就随之变慢。因此，弱势广告客户耐心等待广告策划的执行就显得异常重要。

我敢说，大多数广告新人都觉得顾客第一次听到或看到的广告是最有价值、也是反响最大的。其实不然。除非那个广告非常清楚、非常显著地交代了产品的时间或其他较敏感的信息。就算是这样，也是需要时间的呀！

如果你钓过鱼，大概就明白是怎么回事了。一个好渔夫就算是在淡季也能钓到鱼。怎么可能呢？我说怎么就不可能呢？好的渔夫不论在淡季还是旺季，都不厌其烦地坚持垂钓，他们用各种鱼食引鱼上钩，直到发现诱惑力最大的鱼饵。

现在你们就好好想想自己过去所做的广告。是否为了达到广告效果，一味求快？一旦广告执行没达到你要的效果，你会等多久再改变原来的计划呢？

如果你的策划不能长期执行下去，那你就会长期地失望下去，更不用说被你中断执行造成的经济损失。

所以准则十就只有一个问题要你们深思：你到底有多大的耐心？

到这里为止，我们已经把《弱势广告客户学》的十大准则全部过了一遍。借此机会，回顾一下其他的准则内容。你会发现，并不是每一条准则都能用到具体的市场竞争中。是的，其实我发现只把一两条准则运用到适当的情境中就足够了。切记，没有固定的模式，只有恰当的选择。准则必须符合实际情况才能合理运用。

还有，当你在商场运用这些准则时，你会发现自己正像弱势客户一样在想问题、做事情，无论如何，这也没什么不好。

第十五章

　　傻子也能出点子，可是品牌却只能被有创造力、有信念、有恒心的人打造出来。

——大卫·奥格威

强势广告品牌效应

在遥远的阿拉伯地区，在麦地那和红海之间渺无人烟的沙漠小镇，有家脏乱不堪的饭店。店内摆了 12 张桌子，每张桌布上都印有可口可乐的标志性大红图案。这就是可口可乐，无处不在的可口可乐，连中东的沙漠也不放过！麦当劳也是，你随便去哪儿旅游，去巴黎、北京、东京、莫斯科，甚至去伊斯坦布尔，都随处可见它的品牌标志。所以，你要是弱势广告客户，你拿什么去跟这些大公司斗呢？

拿品牌！第一步就是创建属于自己的品牌标志。一个有别于强势广告客户的品牌，一个让顾客印象深刻的品牌。

什么是品牌？

"品牌"是市场营销中的常用词，可具体定义就因人而异了。但它最普遍的含义，就是一个公司或一个产品独特的、易辨识的标志。不过也不局限于此。

像名称、商标、造型都可以是品牌，都可以放在你产品的包装或信笺上做品牌标志；再搭配具体的颜色、字体、图像或代言人都没问题。不过这还只是一个开始。

　　要想你的品牌真正具有代表性，你必须对待它像一个有生命、有发展的有机体，一个给顾客留下印象的物体（印象可好可坏），顾客对它的印象就是对你的公司和产品的印象。所以品牌必须精心呵护。顾客喜欢与否决定它的发展，也决定你的公司和产品的发展。既然品牌这么重要，那究竟怎样精心培育它呢？答案马上揭晓！

　　我们知道，顾客对所有品牌的印象都来自两种途径：一种是受公司宣传的影响，一种是受自身体验的影响。通过自身体验影响，就是顾客购买了产品或服务，享受了品牌的好处；通过公司的宣传影响，就是顾客受产品公司的广告攻势，开始对产品有印象，有购买该品牌旗下产品的打算。就这样，顾客形成了对产品品牌的初步印象。接下来，通过顾客的购买和二度

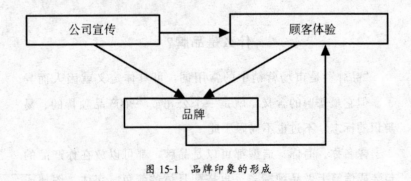

图 15-1　品牌印象的形成

体验，品牌的知名度就能一步步扩大。当然，所有品牌的创建过程都受信息反馈的影响（见图 15-1）。所以，品牌印象也要走公司宣传和顾客体验这两步。

如果已经完成了品牌印象的建立，那就开始运用强势广告品牌效应准则传达独特新颖的品牌信息。

强势广告品牌效应

还记得第五章的"先谋后行"吗？强势广告品牌效应准则就是策划和执行的组合，是"先谋后行"的忠实执行者。它首先策划品牌的定位，而后执行品牌策划。

表面上看定义强势广告品牌相当简单，只要完成以下报告就行：

致：（目标受众）_____

品牌：（你的品牌标志）_____

是：（你产品或服务的领域）_____

提供：（独一无二的服务）_____

因为：（原因）_____

乍一看，是不是觉得特简单？继续做，越往后越觉得像打俄罗斯方块——每换一种方格，其他方格也发生变化。要有这种感觉就对了。做做下面三种练习，看看有没有帮助？

练习一：寻找目标顾客

创建品牌的第一步就从寻找目标顾客开始。谁最可能接受你的产品？好好想想再列出来。从最具消费潜力的顾客开始，到次具消费潜力的顾客，以此类推。这么做可以帮助大家进一步巩固第七章的准则，准确定位目标顾客。

切记：做这项工作时必须严格苛刻！淘汰任何不符合你的产品和服务的顾客，目标顾客分析的越透彻，你的品牌意义就越大。

为方便理解，我们给大家做了一张图（见图15-2）。最佳顾客放到靶心位置，最具消费潜力顾客放在靶心外，然后将第三大顾客放在下一个圆内。我在这里之所以只列举三大顾客，是怕大家没有足够的精力去应付更多的顾客。

接下来，我们要根据顾客的需求对目标顾客提供相应的品牌服务和信息。记住，这一步是很重要的。要知道你的品牌信息必须适应每组目标顾客，因为弱势广告客户没有那么多闲钱来针对不同种类的目标顾客提供不同的品牌信息。

试想你的品牌信息就像射中靶心的子弹，但不是普通的只要求击中靶心那种。你的"子弹"在击中靶心的同时，还得留点弹壳什么的来击中第二环、第三环。要做不到的话，那想争取目标顾客就有些够呛。

图 15-2　目标顾客

当然，如果完成了此项练习，还是可以回头填写品牌定位陈述表第一行的提问。

练习二：寻找优势战场

在确定目标顾客之后，你们就要着手确认在哪些领域、跟哪些对手竞争这些目标顾客。我们可以回顾第九章的巧选战场准则，从中寻找窍门。运用图 15-3 也能帮助我们更加形象化地理解优势战场。

现在就列出你的产品和服务竞争的战场，根据成功可能性的大小依次排序。为了准确定义优势战场，我们以百分比形式表示成功率，请大家根据各自的真实情况填入倒金字塔右侧的横线中。

然后，仔细审视每一个战场，判断出成功率最高的战场，放弃不可能成功的战场。做这个练习同样要求严格苛刻！不停地排除不符合要求的战场，直到找到对你有利的战场。

同样的程序，如果你找到了最具优势的战场，那你就回头填写"品牌定位陈述表"中的第三项。

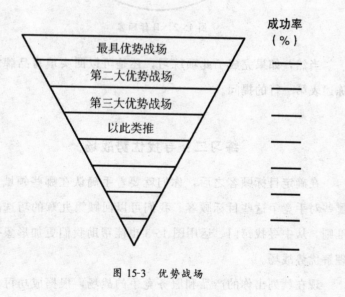

图 15-3 优势战场

练习三：寻找价值定向

所谓价值定向，是指品牌给顾客带来了哪方面的价值享受，像功能方面、心情方面、虚荣方面等。要找到有效的价值定向，品牌必须向顾客提供独一无二的产品和服务。这不仅能决定你的品牌和顾客间的关系，还能刺激顾客的购买欲。

不过我们暂时不谈品牌的特色产品或服务，先讲明功能价值、心情价值和虚荣价值三者的不同。

功能价值——就是具体产品给顾客带来的功能享受。常见的功能价值有：

● 7-Eleven 快餐店很便利。

●盖特力（Catorade）饮料是体育专用饮品。

●贵格麦片（Quaker Oats）是营养好吃的早餐麦片。

心情价值——就是顾客购买该品牌所带来的积极情绪。常见的比如：

●买沃尔沃"安全"。

●买贺曼（Hallmark）贺卡或读贺曼贺卡让人倍感"温暖"。

●买奈曼·马库斯（Neiman Marcus）很"重要"。

虚荣价值——就是顾客购买某品牌带来的自我满足，常见的比如：

- 去 The Gap 买时尚用品很"时髦"。
- 开凯迪拉克很"风光"。
- 开雪佛兰很"酷"。（我前面提到过我开的是红色的雪佛兰。）

那么，究竟如何使用上述价值使你的价值定向最大化呢？图 15-4 可以为你导航：首先列出目标顾客的需求和你的产品的供应情况，然后再列第二张清单，这一次把你的产品可提供的所有功能价值、心情价值和虚荣价值统统列出来。

之后对比这两张清单，看能否将顾客的需求和产品的供应联合起来？看这两者的结合是不是对手没有过的？假如答案都是肯定的，那恭喜你，你已经具备了提供独特服务的基础了。

现在你要是确定了独一无二的服务，那就将"品牌定位陈述表"的第四项填完。但这次你得回头看看自己确定的目标顾客和优势战场，结合它们打造出最能服务目标顾客和市场环境的特色服务。

接下来咱们做点儿有趣的事情。走到现在，大家基本上完成了"品牌定位陈述表"。那我们试着替换不同的目标顾客和优势战场，看它们都是怎样影响你的独特服务的。如果替换了顾客和战场，你的服务都丝毫不受影响，那你就安心发展你的品

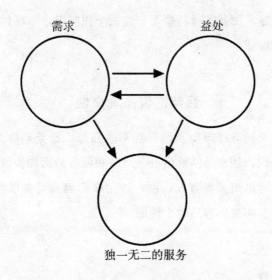

图 15-4　价值最大化

牌，放心享受佳绩吧！反之，你就有必要继续替换顾客和战场，继续跟独一无二的服务去搭配，直到为品牌发展找到黄金搭档为止。

　　"品牌定位陈述表"还剩最后一项"原因"没有填好。等目标顾客、优势战场和独一无二的服务完美结合后，原因就会出来。而这些都会成为你提供独特服务的正当前提。换句话说，独一无二的服务是品牌对顾客的承诺，而原因就是承诺实现的前提。

　　你现在是不是觉得已经做完强势广告品牌效应的所有工作

了？如果是，那就大错特错了！先做个深呼吸，中场休息一下，精彩稍后继续。

强势广告品牌个性

品牌个性可以帮助人们鉴别不同品牌，指导品牌交流，丰富品牌意识，创建品牌价值——产品和服务的附加价值。

个性可以用来形容人，也可以用来形容品牌。以下五种个性就是最常用来形容品牌个性的。[①]

安全性

想想柯达、贺曼、金宝汤。跟安全性扯上关系的品牌个性通常是：

- 真实：家庭、小镇、传统、蓝领、美国人。
- 诚实：真诚、道德、体贴、关心。
- 健全：原始、真实、永恒、经典、落伍。
- 愉快：敏感、友好、温暖、开心。

刺激性

含刺激性的个性品牌有保时捷、绝对伏特加和古奇。它们

[①] 参见《打造强势品牌》（Buiding Strong Brands），第 142-145 页。

展示的个性特征有：

- 大胆：时髦、刺激、另类、华丽、煽情。
- 活泼：耍酷、年轻、新鲜、友好、冒险。
- 幻想：独特、幽默、惊奇、艺术、有趣。
- 现代：独立、现代、创新、挑衅。

生产性

生产力强、够自信的品牌像《美国快报》、IBM 和美国有线电视新闻网 CNN。它们的个性通常是：

- 可靠：努力、安全、高效、信赖、小心。
- 聪明：技术、合作、严肃。
- 成功：领导、自信、权利。

熟练性

想到熟练，就会想到奔驰、露华浓和雷克萨斯。它们通常是：

- 高档：迷人、好看、熟练。
- 魅力：柔美、华丽、性感、绅士。

强健性

强健的品牌最容易想到的就是耐克、李维和万宝路。它们通常的个性特征是：

- 健身：强健、西方、主动、运动。

●结实：强壮、健康、认真。

看完这些，我大概有十分之一的把握——你们的品牌不具备以上任何个性。如果真是这样，那就想象自己是特殊的，不一样的，进而确定自己独特的品牌特性！

如果都做完了……

还记得准则三："先谋后行"吗？一直到现在，我们都在"谋"，现在可以"行"了。结合本章前面的功夫，为品牌设计一个响亮的口号。这个响亮的口号不仅要展示创意，还要与前九条准则一脉相承。到这儿还是不能停下来，还得继续创意品牌口号。光响亮还不够，要让人印象深刻、难以忘记才可以。如果你已经厌倦了现在的口号，那就赶紧换一个。切记：品牌口号不是一时儿戏，它必须是长期伴你作战的"同志"。

紧接着，就要投资开发你的品牌，就算公司财力有限也要投资产品品牌，你必须培养你的品牌，就像培养孩子一样。你不会因为没有钱就让你的孩子饿肚子，同样也不能因为缺钱就让品牌挨饿。总之，在商界马拉松里，一个健康发展的品牌会无限增大品牌的价值，也会无限增大公司的价值。不信就问问耐克，问问可口可乐，问问星巴克。

品牌定位验证

事到如今，该说的也说了，该做的也做了，就剩下下面几个问题了，请大家配合回答：

你的品牌可以满足特定顾客的需求吗？

_____可以

_____不可以

你的品牌对你的目标顾客意义大吗？

_____大

_____不大

你的品牌是原创的吗（你是第一个用它做品牌的人吗）？

_____是的

_____不是

你对品牌拥有所有权了吗？（你是品牌的所有者吗?）

_____是（有）

_____不是（没有）

你能履行品牌的承诺吗（公司能力与品牌效应是否吻合）？

_____能（相符）

_____不能（不相符）

你的品牌与公司的传统和声誉是否相符？

_____相符

_____不相符

你的品牌有生命吗（品牌可以持续多久)？

_____有

_____没有

这个品牌有优势吗？（它在国内外都有名吗？在各大媒体都有广告吗？有顾客接受了吗?)

_____有

_____没有

这个品牌是否获得了你公司的一致好评？

_____是

_____不是

如果以上九个问题的答案都是肯定的，那你就大功告成了！

第十六章

……勒罗伊·布朗可真坏，
县城里头号大坏蛋，
赛过金刚也不怪，
比起黑马更不赖。

——吉姆·克罗琪（Jim Croce）
《坏坏的勒罗伊·布朗》
（Bad，Bad Leroy Brown）

黑马战术启示录

讲一个有关黑马的故事吧！

从前，一个牧童在偏僻的牧场放牛，路上突然跑出一辆宝马，停在了牧童身边。车主是个年轻人，典型的雅皮士——身穿阿玛尼西装，戴雷明太阳镜，脚穿古奇名鞋。他斜靠在车窗上，问牧童如果他能算出牧童有多少头牛，是不是可以给他一头。牧童看看他，再看看牛群，答应了车主。

随后，车主停好车，拿出手提电脑连接手机，登录美国宇航局网站，打开 GPS40 定位系统，瞄瞄整个牧场，打开 Excel，用 Blackberry 发送邮件，几分钟后答复就过来了。最后他用微型打印机打出了 130 页报告，并告诉牧童一共有 1586 头牛。

牧童一看数目正确，答应让他拿走一头牛。但是车主选牛的时候，牧童对他说如果自己能猜出他是干什么的，就归还自己那头牛，车主也答应了。于是当牧童说出车主的职业是顾客时，车主惊讶万分地问他是怎么猜到的。

牧童说："不用猜！看就能看出来——你看你，没人叫你来，你不请自来；来了就问我问题，而问题的答案是我已经知道的，我也没要你回答问题，而你却要我为你的答案付报酬。

最重要的是，你根本不知道我是干什么的！现在可以把牛还给我了吧？"

由此可见，没有任何人比你更了解你自己，没有任何人比你更清楚自己产品的运作。我们通常把那些打破常规、令人意外的市场运作称为"黑马战术"。要知道黑马是懂得如何利用一切有利条件打败敌手的，弱势广告客户也理应如此。

其实黑马战术没有传言中那样神奇。它也是从了解顾客、了解行情、甚至了解市场开始的，然后再利用已有资源争取市场的。不过该战术还是有个要点，那就是善于抓住不易察觉的机遇，结果才会惊世骇俗！

我这儿就有不少案例——黑马案例。

案例一：Amalie 发动机润滑油

前面我已经说过，Amalie 是一家地区性发动机润滑油品牌，产品多在汽车专卖店出售。其销售过程主要是通过 Amalie 将润滑油卖给汽车供应商，供应商再把油卖给汽车专卖店，最后专卖店把油卖给我们。所以我们完全可以说，Amalie 是从宾夕法尼亚的布莱福德（Bradford）千里迢迢地为车主送油。

虽然如此，Amalie 的广告开支非常有限。但为了激励汽车供应商和专卖店购买 Amalie 润滑油，他们还是做了一定的广告宣传。

首先，他们在公路告示板上登广告；当然只是在汽车供应商总部办公楼附近登，不包括所有的告示板。这样供应商们每天上下班开车去公司，都能看到 Amalie 广告。

其次，他们还在电台播广告；当然也不是在所有的电台都播，他们选了几家汽车供应商常听的电台，并在上下班时段热播自己的广告。这样一来，汽车供应商每天上下班不仅能看到公路告示板上的 Amalie，还能听到广播里的 Amalie。

最终，那帮汽车供应商都难敌 Amalie 的广告攻势，一致认为 Amalie 是润滑油界的大品牌，而且他们还认为所有看过 Amalie 广告的消费者也与他们"英雄所见略同"。

　　黑马战术启示：掌握并充分利用重要顾客的信息接受媒介。

案例二：American Designer Pottery

大家还记得赤土花盆仿造商 American Designer Pottery 吗？因为使用人造材料，所以它比真品要轻巧和便宜；又因为不易碎，所以比真品更耐用。可是这种花盆只在春天耕种的时节卖得好，一到冬天就无人问津了。

认识到自己在秋冬两季的不良业绩，American Designer Pot-

如何战胜强大的对手

tery 打算另辟蹊径。他们注意到多数节假日礼品店都出售礼品包装，像竹篮等用来装礼品的外包装，所以他们打算生产礼品篮。说起来容易做起来难，American Designer Pottery 必须重新定位广告受众为礼品篮的生产商和零售商，并向他们解释自己的礼品篮较之传统礼品包装的过人之处。

我们公司受聘为 American Designer Pottery 做广告。他们的要求是要用邮寄传单的形式向礼品篮生产商宣传产品。要这么做的话，很明显礼品篮厂商顶多只能看到礼品篮的样式，却"看"不到它的质量和轻便。所以为了克服这一弊端，我们免费给所有礼品篮厂商送去了 American Designer Pottery 的样品。

结果，超过 28% 的礼品篮生产商表示喜欢 American Designer Pottery 的样品，并决定出售这种礼品篮，如此一来，American Designer Pottery 在秋冬两季的收入也颇为丰厚。

黑马战术启示：假如你能确定有些顾客对你的产品颇感兴趣，那不妨冒点小险向他们展示产品的具体价值。

案例三：Collin Screet 面包坊

你可能听说过美国德州 Corsicana 的 Collin Screet 面包坊，它是世界上最大的水果蛋糕制造商和零售商，也是世界第二大美洲山核桃果买家。当 Collin Screet 做水果蛋糕生意的时候，它已经在 Corsicana 卖了几十年的蛋糕、面包、馅饼和曲奇。所以当 Collin Screet 在街对面开了家店内面包超市时，简直就是门庭若市。但是你不觉得奇怪吗？——人们愿意过街去买 Collin Screet，也不愿就近买其他商店的面包。

　　是的，的确有点奇怪！你要知道，Collin Screet 面包坊位于 Collin 街，而 Collin 街是 Corsicana 交通最繁忙的商业街。每当一位行人路过面包坊，就有可能提示其他路人 Collin Screet 的面包是如何的美味。Collin Screet 的管理层就是想让路人知道他们的产品历来是最受欢迎的，然后在街道两边的人行道做双面指示牌——告诉人们 Collin Screet 最受欢迎的产品正在特价热卖。

　　其实在人行道上立指示牌有两个目的：第一，提示路人 Collin Screet 出售的可口食物，尤其是口碑极好的那些食物；第二，用特价产品引诱顾客进面包坊，这样顾客不仅能买那些特价产品，还能买其他的食物。这一招效果是十分明显的——Collin Screet 立指示牌的第一天，销量就有所提高，而这种趋势还得延续下去！

　　黑马战术启示：如果顾客喜欢你的产品，那就提升他们可以从中得到的快感，这样可以刺激他们再度购买。

案例四：美国诊断健康服务中心

美国诊断健康服务中心（DHS）是专门提供诊断服务的，而且是提供医院和诊所没法为病人提供的服务。他们主要是通过在医院和诊所设立观察室，使用诊断设备为病人服务。这种做法是非常独到的，病人丝毫感觉不到一家独立的公司正在为他们诊治，他们把这些都当成了医院和诊所的一部分，觉得理所当然，没有任何反感情绪。

其实 DHS 的本意是为内科医生服务，那样不仅可以帮助医生为病人提供更好的服务，还能给医生省下一笔开支。

关于这个 DHS，还有个感人的故事。

医生是典型的大忙人，要约到他，再推销 DHS 的服务绝非易事！首先你要到医院前台预约，接下来要见医生办公室经理，说服他让你见医生，最后终于见到了医生，可以向他展示 DHS 的服务了，但也要他有时间听才行。

因此，这么一个漫长的销售过程势必影响 DHS 的发展，必须减缩时间。为了提高效率，DHS 拍了一个 5 分钟的宣传片，并录制成 DVD 格式，随后还买了配套的 DVD 播放器。

接着再雇用电话购物公司要求在医生办公室安装 DVD 播放器。这么一来，医生一有时间看 DVD，就能看到 DHS 的宣传片。而且当 DHS 工作人员去安装播放器的时候，还能跟医生聊聊 DHS。

之后就可想而知了，这个策划奏效了，因为宣传片既短又感人，还能随时看，而且很有趣。

> 黑马战术启示：当你和目标顾客之间存在多个"守门员"的时候，最好的办法就是做一个高效、高影响力的策划，引起"守门员"的重视。

案例五：迪凯思工服和家居中心

迪凯思前面也说过了，是美国工服的领军品牌；家居中心，是美国建筑设备的头号零售商。所以去家居中心卖工服是迪凯思的理想选择，可是家居中心没有服装专柜，也就卖不了工服装；更糟的是，家居中心公司总部没有任命任何人销售服装。

因此，迪凯思要打开这条销售渠道，首先，必须在家居中心高层里找到愿意挑战工服销售的人；其次，必须让这些高层认为在家居中心出售工服是个奇思妙想；最后，必须说服家居中心高层认同迪凯思才是他们的最佳选择。

于是，我们通过给全美 50 家最大的家居连锁高层人员邮寄迪凯思宣传品，其中包括一只工作靴和一个宣传故事（故事旨在建议以家居中心卖工服，提高家居中心营业额）。我们先给他们一只靴，如果他们愿意让迪凯思做销售展示，我们会给他们另外一只同样尺码的工作靴。

就这样，我们的策划打动了 18 家连锁店，有 12 家准许出售迪凯思工服。

　　黑马战术启示：让你的顾客意识到花时间研究你的样品，会有意外的回报。

案例六：欧洲 Equator 干洗机

Equator 是来自欧洲的集洗衣和烘干功能为一体的干洗机，它的尺寸对美国人而言相对小了点，但是你把脏衣服放入 Equator 干洗机，拿出来的就是洗好、烘干的干净衣服了。

不过 Equator 也有麻烦——它在美国的 3 家电器零售商相继破产，因此当时 Equator 不仅资金有限，还得面临重新找零售商的问题。

迫于无奈，Equator 在全美开展了一次大促销，即 Equator 迷你比赛，获胜者可免费游玩奥兰多市的迪士尼乐园。这个活动一共分两步，第一步是在像《妇女日》（Women's day）一类杂志登广告，这类杂志上有许多有趣的专栏。第二步在商场的

Equator 展柜进行，详细介绍本次比赛的细则，所以路过的顾客都可以咨询到 Equator 的详情。

其实这么做只有一个目的，就是吸引家电零售商。在杂志上做宣传展示 Equator，在店内吸引顾客，当顾客对 Equator 产生兴趣，就会询问零售商店内是否有 Equator 的产品，顾客的询问越多，零售商就越发觉得 Equator 会畅销，接下来就会给 Equator 抛出橄榄枝——同意 Equator 进驻各大家电卖场。

Equator 迷你比赛广告登出 6 个月后，成功征服了 61% 的家电卖场，包括从前拒绝 Equator 的零售商也一一同意销售它的洗衣机。

黑马战术启示：像 Equator 一样用广告和促销征服零售商，先拿下一部分顾客，再让顾客拿下零售商。

案例七：美国 Monte Carlo Fan

Monte Carlo Fan 首次亮相是在德州达拉斯举办的国际照明设备展览上。虽然没多少钱，但宣传还是要做的。只是实在是没钱、没产品、没时间，但也没问题：Monte Carlo Fan 的产品小样还是如期出现在展会上了。

当初，Monte Carlo Fan 为吸引顾客，在美国各大照明杂志上刊登了一些小版广告，色彩元素以黑白主打（后来成为 Monte 的标志色彩），使用法、德、意、西班牙语进行多语种宣传——给顾客一种假象，让顾客认为 Monte 是国际知名品牌，业务不只在美洲。

就这样，Monte 省了不少开支。更绝的是，在照明展上，Monte 可谓抠门到家了——它把以前在照明杂志上的所有广告剪下来做成 Monte 字样，放在展会门口和自己的展区前，以区别其他展区的彩色调。Monte 的黑白色系十分抢眼！

展会上有上千家媒体在做现场报道，Monte 的另类广告谋杀了记者不少胶卷，也导致 Monte 展区在整个展会期间买家都是络绎不绝！

黑马战术启示：如果有机会在公开场合宣传产品，必须集中开支，争取对观望人群造成势不可挡的影响力度。

案例八：索爱 T68i 手机

索爱 T68i 是一款照相手机。产品完成生产时为了宣传造势，索爱创造了一种"情景宣传"模式——比如在旅游景点，请别的游客用 T68i 手机给你拍照，就算是一种"情景模式"；

再比如你在西雅图游玩，有对夫妇请你给他们和太空针高塔①合影，把手机交给你的同时，他们开始说这款手机的功能，这也是"情景宣传"。总之，就是在你不易察觉的情况下，向你展示产品的个性。

同理，索尼公司雇了一批帅哥美女在酒吧高谈阔论 T68i，并且不时挑衅对方："你的手机行吗？"

这种"情景宣传"模式取得了巨大的影响，索爱 T68i 在亚特兰大、达拉斯、芝加哥等主要美国沿海城市火爆销售，平均销量比其他地区高出 54%。

　　黑马战术启示：如果能在舒适的、日常的、自然的情景下宣传自己的产品，顾客的"防备意识"几乎为零。

————

① 太空针高塔是西雅图的注册商标，细长的钢脚上顶着一个幽浮是对它最好的描述。它是离 1962 年世界博览会只有 13 个月的时间时开始动工的，才花了 9 个月的时间就完工了，塔顶的幽浮是间餐厅，标高 500 呎，白天可以看到普杰湾及雷尼尔山，晚上则可以欣赏全市夜景。——译注

案例九：Teknekron 自动呼叫分配设备①

Teknekron 公司是自动呼叫分配设备②制造商。它所生产的这种设备是负责分配呼入电话到对应的机构，像电话购物、机票订购、商品预订，都需要自动呼叫分配设备。

虽然 Teknekron 是这行业的老品牌了，可也有不顺心的时候，尤其当新技术面市时更是如此。每当新的呼叫中心建立后，Teknekron 甚至连竞标的资格都没有。所以，很多时候 Teknekron 公司的销售是很疲软的，但还好，在不少客户眼中 Teknekron 自动呼叫分配设备是他们的首选。

Teknekron 为了弄明白自己为何多次无缘呼叫中心的项目，组织专门人员去呼叫中心访问调研。结果让他们很惊讶——一个呼叫中心的项目就有上百家厂家来竞标，而呼叫中心的工作人员光是回复他们的报价就得用上百个小时的时间。

于是 Teknekron 就想：如果能让那些项目经理的工作更轻

---

① 自 1983 年以来，etalkTM 的解决方案已被用于全球 40 个国家的 1500 多个联络中心，建立了重要的长期客户关系，其领域包括保险、电信、金融、卫生、技术、公共事业、旅游以及制造业。——译注

② 自动呼叫分配设备，也称为排队机，当然，其功能不仅仅是为接入的呼叫进行排队，而且 ACD 也不仅是一台机器的描述，更确切地说它是呼叫中心整个前台接入系统逻辑功能的描述：把接入的呼叫转接到正确的坐席员桌前。

松，那他们竞标成功的机会就更大。为此，Teknekron 专门研发了一种软件包。这种软件包中有呼叫中心经理们需要的所有报价回复。不仅如此，Teknekron 还把这种软件刻制成了电脑光盘——PC 和苹果机都能通用的光盘。

而且广告很独特：Teknekron 首先做报价回复的广告，而不做自动呼叫分配设备的宣传——给每一位呼叫中心的经理一张光盘，免费的！

广告的效果就可想而知了——报价回复的软件光盘相当热卖。这次策划也帮助 Teknekron 成功征服了呼叫中心，因为报价回复软件展示了 Teknekron 雄厚的科研开发实力。小小一张光盘就为 Teknekron 的竞标之路铺设了基础，也为将来打好了基础。

这个广告播出几周后，就有 500 多家公司来索要这张报价回复软件，其中包括鼎鼎大名的通用汽车和美国宇航局。这就意味着有 500 家公司对 Teknekron 有兴趣，有 500 家公司会考虑 Teknekron 的产品！

　　黑马战术启示：免费为顾客提供真正需要的产品，用他们对产品的反馈为将来的销售铺路。

本书一再强调的重点只有一点，那就是花最少的钱、用最新的方法打造最强势的品牌。以下公司就十分擅长这一点：

如何战胜强大的对手

美国捷蓝（Jet Blue）航空免费送礼品给谈论航空航班的纽约司机；金殿赌场网站给和特立尼达德打对手的美国拳王伯纳德·霍普金斯做背部文身广告；

梅尔·吉布森的《基督受难记》在公映之前，先给教学和基督教组织的官员看，以此造声势；

《我的盛大希腊婚礼》（My Big Fat Greek Wedding）也用了这一招；

索尼头断纽约拉瓜迪亚机场到曼哈顿的机场巴士广告，而且只要乘客在途中收听索尼的手机宣传还可以免巴士费；

网上副食零售商 Peapad 把装满食品的 Peapad 袋挂在顾客门上，并附带留言："昨晚在网上的那 5 分钟，我们就为您装满了食物，这也只是一个试验，看我们是否可以按时送货。事实证明我们可以！"

像黑马一样战斗吧！

世界上至少有上百种或上千种方法可以让你花最少的钱，用最新的方法打造最强势的品牌，但诀窍是必须善于观察。下面我们就把黑马战术启示录的所有启示再温习一遍：

- 掌握并充分利用重要顾客的信息接受媒介。

- 假如你能确定有些顾客对你的产品颇感兴趣，那不妨冒点小险向他们展示产品的具体价值。

- 如果顾客喜欢你的产品，那就提高他们从中可得到的快感，这样可以刺激他们再度购买。

- 当你和目标顾客之间存在多个"守门员"的时候，最好的办法就是做一个高效高影响力的策划，引起"守门员"的重视。

- 让你的顾客意识到花时间研究你的样品，会有意外的回报。

- 像 Equator 一样用广告和促销征服零售商，先拿下一部分顾客，再让顾客拿下零售商。

- 如果有机会在公开场合宣传产品，必须集中开支、争取对观望人群造成势不可挡的影响力度。

- 如果能在舒适的、日常的、自然的情景下宣传自己的产品，顾客的"防备意识"几乎为零。

- 免费为顾客提供真正需要的产品，用他们对产品的反馈为将来的销售铺路。

那么，现在你就应该以全新的角度审视你的产品和服务，找到属于自己的黑马战术！

第十七章

    大卫击败歌利亚后，以色列军班师回朝，沿途妇女手舞铃钵，欢歌颂扬扫罗王，她们高唱："索尔杀敌上百千，大卫杀敌上十万。"

——《旧约·撒母耳记》

再说大卫与歌利亚

本书以大卫与歌利亚开篇，现在还来以他们结尾。开头我们已经讨论过大卫是如何击败歌利亚的，此刻我们再换个角度看他们——看大卫是如何在不知不觉中运用《弱势广告客户学》的准则击败歌利亚的。现在我们就开始一条一条地回顾本书的相关准则。

准则一：逆向思维

跟自己的同行对比一下，假如你不是他们当中最强的，那么想提前拿到期望已久的广告方案是不现实的。要打败他们，就必须使你自己的策划更新颖，更优越。

你问大卫打歌利亚的时候有没有逆向思维？当然有了。要没有的话，那大卫就应该拿跟歌利亚一样的兵器——不是矛就是盾，要么就是剑。如果是这样，那结局也是很明显的呀！——歌利亚拿着他的长矛迅速击败弱小的大卫。

不过幸好大卫没这么做，要不就没戏看了。大卫的作战方案是出人意料的，是比歌利亚更新颖、更优秀的。如此一来，

如何战胜强大的对手

胜利怎能不眷顾大卫呢？

准则二：敢于冒险

你见过不流血的战争吗？想要击败对手，就必须有所牺牲。弱势广告客户要敢于打破常规——说常人不敢说，做常人不敢做。就算丢脸也不放弃，这样才能称得上"冒险"。

毫无疑问，大卫是同意以上的说法的。当他独自一人面对歌利亚时，这就是在冒险，当他拿着弹弓和石子进攻歌利亚时，就更是险上加险了。

准则三：先谋后行

一个好的策划怎么执行都能成功，而一个不好的策划就算执行得再好也成功不了。所以，我们要先谋后行，先想怎么去策划，再想怎么去执行。

大卫就是这样做的，他不是头脑一热就说要去挑战歌利亚的，他是做了充分的准备的——当歌利亚日复一日地向以色列军队叫阵的时候，他在仔细地观察歌利亚，在考虑用什么武器击败歌利亚，在决定怎么赢歌利亚。确定（策划完成）之后，他就去河边挑了一些跟弹弓匹配的石子，准备突击歌利亚。所以当他再次面对歌利亚的时候，唯一要做的就是执行他脑中的策划。这对大卫来说就是用弹弓瞄准歌利亚，准确地放出去就行了。结果准确无误的策划搭配无懈可击的执行，就注定了这场意外之至的胜利！

准则四：推陈出新

分析竞争对手的动态，一旦知道了对手在干什么，再让自己的广告脱颖而出就简单多了。

我们讲准则三的时候就提到过，大卫知道歌利亚会用传统的矛啊、剑呀来作战，所以就算扫罗王再三推荐，大卫也没有用传统兵器，他还是拿他的弹弓来与歌利亚交战。而事实也再一次证明他的选择没错。

准则五：巧选战场

假如你的能力还不足以打败前方的强敌，就要尽量避免正面交锋，直到实力相当或略胜对手一筹时才可交战。换句话说，就是形势必须对你有利。所以，尽量避免跟对手硬碰硬，要懂得发现、营造优势战场。

咱们从大卫挑武器那会儿，就应该知道他已经找到了自己的优势战场——他明白歌利亚一定会用传统兵器来跟他决斗，只有这样大卫才能发挥自己的优势来击败歌利亚，否则大卫就打不赢了！还好歌利亚一招都没出，大卫就把它拿下了；而之所以能有这样的结果，跟找到优势战场是分不开的。

准则六：集中开支

要想达到预定目标，就必须集中所有的广告预算来满足广告策划的开支。但如果是分散开支的话，小额开支要比大额支出更可取。

这条准则放在大卫身上，就是指他挑武器时，没有把那些矛、盾、剑等统统拿上战场，他只挑了一件自己平日最擅用的弹弓。也就是这么个小玩意要了歌利亚这位巨人的"大"命。

准则七：稳定执行

选择一个值得信赖的广告策划，然后坚定不移地执行下去，做到任何一项市场运作都围绕该策划进行。

就这一点来看，大卫做的也不错：他没有受传统武器的干扰，就算是全以色列最好的兵器也未曾让他动心。他毅然选择的还是他熟悉的弹弓，因为他明白就这件兵器已足以助他打败敌人。

准则八：展示价值

对弱势广告客户而言，平价销售显然还不够好。万物皆有因果，顾客之所以放心购买竞争对手的产品，无非就是因为风险比较小而已。所以当你的广告 PK 对手的广告时，必须展示出更大的潜力和价值，否则就会注定败给对方。

说到大卫向歌利亚展示了什么价值，那就是不与歌利亚"同兵相见"。新颖和独特的作战方式不论在战场还是在广告中同样可以创造难以预估的价值。

准则九：速度惊人

速度　跟强敌相比，速度是弱势广告客户少有的优势之一，如果使用得当的话，速度可以打破竞争对手之间的均衡，拉开彼此的距离。

这一点在大卫身上尤其突出。像故事里讲的，大卫跑去袭击歌利亚的时候，他拿着弹弓子装好石子就向歌利亚射去，歌利亚还没反应过来就倒下了。由此可见大卫的速度之快。

惊人　速度和惊人是一体的。由于弱势广告客户的市场活动经常被对手忽视，所以那些意想不到的市场宣传和广告策划总能奇迹般地获得成功。尽管如此，要想保证速度的惊人，策划也必须惊人。

当然歌利亚也是一样，他也希望自己的对手是执矛持盾的老套士兵而非拿着弹弓的放羊娃，所以才导致了后来的掉以轻心。不过还好，他死在大卫手下，也算是死得瞑目了。

准则十：耐心等待

一般情况下，弱势广告客户难以对消费习惯和顾客喜好的变化迅速作出反应。所以他们必须耐心等待广告策划的执行。

虽然在大卫和歌利亚的这场战斗中不一定能展示出大卫的耐性，不过事实上，他确实很有耐心。因为在很早以前，先知撒母耳就告诉了大卫他会成为扫罗王的接班人，也就是下一位以色列国王。可是在成为国王前，他必须等待十多年，甚至还有更糟的可能。事实证明，他做到了，做到了耐心，做到了等待。

总　结

你可能是弱势广告客户，但这并不意味着你做不出成功的广告方案。恰当运用本书讲到的各条准则，你的产品和服务就一定能拥有成功的广告策划。

《弱势广告客户学》的十大准则可以为你勾画出公司的大致

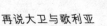

轮廓，帮助你抓住机会创作出低成本的广告策划。虽然不是每一条准则都能帮得上忙，但总有一些是有用的，这一点我可以担保。

本书的附录一是"弱势广告客户学使用手册"，这部分主要是就书中的十大准则分别提出问题，从而指导创作广告策划。

"强势广告品牌效应"是专门为弱势广告客户树立独特品牌效应的准则，附录二则就此以图表形式帮助各位定义自己的目标受众、战场级别、价值主张和品牌陈述等。

最后，不要忽视了"黑马战术"部分。你自己比任何人都了解你的产品、顾客还有市场环境；你比任何人都有资格出人意外，只要你比任何人都渴望机遇。

那么，看一看下面这些人，他们跟你有什么不一样吗？

大卫

哈里·杜鲁门

拳王阿里

1980 年美国奥林匹克冰球队

洛奇（Rocky Baboa）

答案就是：他们没什么不一样，都是一群"黑马"。

要知道下一匹"黑马"是谁吗？可能就是你。

附录一　弱势广告客户客户学使用手册

准则一：逆向思维

除非你是同行中最强的，否则不可能提前得到预想的广告方案，而你的强大对手可以不费吹灰之力就能得到。所以要想吸引顾客的注意，就必须与众不同，必须独特创新。

你的广告 vs 对手的广告

你跟对手的广告传达的是一样的或相似的信息吗？

_____是的

_____不是

你跟对手的广告存在明显的差异？

_____存在

_____不存在

假如存在差异，有哪些？请列出。

_____

_____

如何定义你的广告范畴，才能使受众察觉出它的不同与优越？

_____

_____

_____

_____

你的广告媒介 vs 对手的广告媒介

你跟对手用的是相同的传播媒介吗？

_____是

_____不是

你跟对手在选择广告媒介上是否存在差异？

_____存在

_____不存在

如果存在，有哪些？请列出。

_____

_____

_____

有哪些媒介你的对手没有用过，又能为你所用的？请列出。

_____

_____

_____

有多少对手的广告开支比你大？

_____没有一个　　　　　_____三个

_____一个　　　　　　　_____四个

_____两个　　　　　　　_____五个，甚至更多。

列举三项独特的策划方案，吸引潜在消费者的注意力。

1. _____

2. _____

3. _____

准则二：勇于冒险

你见过不流血的战争吗？要想打败对手，必须有所牺牲。弱势广告客户要敢于打破常规——说常人不敢说、做常人不敢做，就算丢脸，也不放弃，这样才称得上冒险。要是你的市场宣传和广告创意都不至于让你有丝毫的担心的话，那唯一的解释就是你还不够冒险。

眼下你的广告策划是"安全的"还是"冒险的"？数字1—5表示冒险指数，你的广告有多冒险？

安全的　　1　　2　　3　　4　　5　　冒险的

"冒险指数"是指在不损害产品形象的时候广告所能承担的

冒险程度。

冒险指数低　　1　　2　　3　　4　　5　　冒险指数高

你的广告语气或形式是否包含了损害产品销量或公司形象的潜在因素？

_____包含

_____不包含

如果包含，请列出：

_____

_____

_____

你的广告策划会让你担心吗？

_____总是　　_____经常　　_____有时　　_____很少

_____从不

在过去的半年里，你有没有采取过侵略性的广告行动？

_____有

_____没有

你的对手有过冒险的或者侵略性的广告策划吗？如果有过，他们有哪些做法会让你觉得冒险？

_____

你觉得自己有可能比对手更有胆量冒险吗?

_____有可能

_____看情况

_____不可能

准则三：先谋后行

　　广告方案有两大内容：一是策划，一是执行。策划包括你说了些什么，什么时候说的，以及跟谁说的；而执行就只负责怎么去说。一个好的策划不管怎么执行都能成功，而一个不好的策划就算执行好也成功不了。因此，我们应该先谋后行，先想怎么策划，再想怎么执行。

　　你曾经有过仅凭直觉就开始执行广告吗?

_____有

_____没有

如果有的话，那你就已经走入"先行后谋"的误区了。

开发广告创意必须先考虑的问题：

你的目标受众是哪些人?

_____

_____

竞争对手的广告信息是什么？

_____

_____

如何使自己的产品与服务立足市场？能否用一句话概括贵公司与众不同的地方？

_____

你的产品与服务能带给消费者哪些好处？

_____

你必须克服哪些不利因素才能打开产品的销路？

_____

你的广告中最引人注目的承诺是什么？

_____

有哪些因素可以带你实现承诺？

_____

_____

你确定自己的广告承诺是最引人注目的吗？

_____确定

_____不确定

看完广告后，你希望手中有什么样的反应？

_____

_____

好策划贵在简洁，你公司的员工是否都能清楚明白策划的
内容并有效执行？

_____能

_____不能

准则四：推陈出新

策划创意过程是一条思维分析路径，可以指导策划的进程，
使之有别于其他企业。这条准则的程序分三大步：产品调查、
顾客分析、对手研究。

产品调查

你的产品的主要特征和优势有哪些？

特征：

_____

_____

优势：

_____

_____

你对产品的期望和长期目标有哪些？

_____

_____

如何将产品推销给目标受众？

_____

_____

可以使用哪些销售渠道？

_____

_____

你打算如何使用这些销售渠道？

_____

_____

该产品的购买周期有哪些类型？

_____

_____

该产品的销售和服务政策都有哪些季节性调整？

_____

_____

你们必须克服哪些影响消费和购买的不利因素？

_____

_____

有哪些客观存在的市场因素会影响产品的销量？

_____

_____

顾客分析

如何描述你的期望客户——

是用人口统计模式描述吗？

年　　龄：＿＿＿＿＿＿＿＿＿＿＿＿＿＿＿＿＿＿＿＿＿

性　　别：＿＿＿＿＿＿＿＿＿＿＿＿＿＿＿＿＿＿＿＿＿

婚姻状况：＿＿＿＿＿＿＿＿＿＿＿＿＿＿＿＿＿＿＿＿＿

生育状况：＿＿＿＿＿＿＿＿＿＿＿＿＿＿＿＿＿＿＿＿＿

学　　历：＿＿＿＿＿＿＿＿＿＿＿＿＿＿＿＿＿＿＿＿＿

职　　业：＿＿＿＿＿＿＿＿＿＿＿＿＿＿＿＿＿＿＿＿＿

常住地址：＿＿＿＿＿＿＿＿＿＿＿＿＿＿＿＿＿＿＿＿＿

城市居民：＿＿＿＿＿＿＿＿＿＿＿＿＿＿＿＿＿＿＿＿＿

农村居民：＿＿＿＿＿＿＿＿＿＿＿＿＿＿＿＿＿＿＿＿＿

种　　族：＿＿＿＿＿＿＿＿＿＿＿＿＿＿＿＿＿＿＿＿＿

年均收入：＿＿＿＿＿＿＿＿＿＿＿＿＿＿＿＿＿＿＿＿＿

还是用心理学分析模式描述？

日常活动：＿＿＿＿＿＿＿＿＿＿＿＿＿＿＿＿＿＿＿＿＿

＿＿＿＿＿＿＿＿＿＿＿＿＿＿＿＿＿＿＿＿＿＿＿＿＿＿

＿＿＿＿＿＿＿＿＿＿＿＿＿＿＿＿＿＿＿＿＿＿＿＿＿＿

兴趣爱好：＿＿＿＿＿＿＿＿＿＿＿＿＿＿＿＿＿＿＿＿＿

＿＿＿＿＿＿＿＿＿＿＿＿＿＿＿＿＿＿＿＿＿＿＿＿＿＿

＿＿＿＿＿＿＿＿＿＿＿＿＿＿＿＿＿＿＿＿＿＿＿＿＿＿

思想观点：_____

_____

你的产品最能满足消费者的哪些需求？

_____

_____

消费者出于什么动机想购买你的产品？

_____

_____

这些动机中又有哪些足以使消费者产生强烈的购买欲望？

_____

_____

有哪些客观社会因素最能左右顾客购买你的产品？（家人？同事？还是朋友？）

_____

_____

是谁最终决定购买？又是谁影响了购买的决定？

决定购买者：_____

影响决定者：＿＿＿＿＿＿＿＿＿＿＿＿＿＿＿

你的产品是针对高收入消费人群？低收入消费人群？或是其他群体？

＿＿＿＿＿＿＿＿＿＿＿＿＿＿＿＿＿＿＿＿＿＿＿＿＿

＿＿＿＿＿＿＿＿＿＿＿＿＿＿＿＿＿＿＿＿＿＿＿＿＿

你的目标受众处在哪个年龄阶段？根据实情完成下表：

——年轻人，未婚，无子女

——年轻人，已婚，无子女

——未婚，小孩上幼儿园

——已婚，小孩上幼儿园

——未婚，小孩上小学

——已婚，小孩上小学

——未婚，小孩上初中

——已婚，小孩上初中

——中年人，未婚，无子女

——中年人，已婚，无子女

——老年人，已婚，无子女，有工作

——老年人，未婚，无子女，有工作

——老年人，已婚，无子女，退休

——老年人，未婚，无子女，退休

消费者在什么情况下才决定购买你的产品的？

    ——长时间考虑后

    ——深思熟虑后

    ——习惯性购买

    ——一时冲动

在购买产品前，你的目标受众必须克服哪些看得见的风险？

    ——价格风险（产品值这个价吗？）

    ——功能风险（我要的功能都能正常工作吗？）

    ——身体风险（这产品对我的身体有害吗？）

    ——身份风险（这产品会伤害我的自尊吗？）

    ——心理风险（这产品会影响我的社会地位吗？）

数字 1—5 表示购买你的产品要承担的风险指数

低风险   1   2   3   4   5   高风险

对手研究

你能把握对手的广告里有哪些走势吗？

广告讯息走势——列举多数竞争对手传达的相同广告信息。

广告图像走势——很多广告是不是经常用一样的视图，一样的颜色，如此等等？

　　如果有，请列出：

_____

_____

　　有什么办法可以让你的广告脱颖而出？

_____

_____

_____

　　相比竞争对手，你的广告在哪些方面占有相对优势？

_____

_____

_____

　　了解你的产品与客户。如何将消费者的需求与产品的供应联合起来呢？简要说明相关的产品销售信息。

_____

_____

　　如何使你的产品销售信息与众不同？

_____

_____

_____

准则五：巧选战场

假如你的能力还不足以打败前方的劲敌，那么尽量减少正面交锋，直到实力相当，或略胜对手一筹时方可动手出击。换言之，你的战场必须有利于你。根据以下特征，你能找出你的优势战场吗？

优势地域战场

列举有可能超越强势对手的具体市场领域

_____

_____

_____

顾客战场

在你的目标受众中，是否有一部分人不满意对手产品？

_____

_____

你如何争取这一部分人？

_____

_____

_____

用途战场

有没有一种独特的产品使用方式可以集中展示贵公司的市场研发成果？

_____

_____

_____

季节战场

一年中有哪些确切的时间是你把握市场的好时机？有没有可能是在淡季的时候？

销售战场

对手的产品是如何销售到市场的？

_____

_____

_____

有哪些销售差距是你必须弥补的？

_____

_____

媒介战场

你的对手用的广告媒介是什么？

_____

_____

有哪些媒介是被对手忽视却能为所你支配的？

_____

_____

分支战场

也许你没法支配整个行业，那么有没有什么分支领域值得你进军呢？

_____

_____

切记避免与强敌正面交锋，直到发现优势战场。

准则六：集中开支

弱势广告客户所犯的最大错误，也许就是想用有限的广告预算开展更多的市场业务。这么一来，钱就被分散开了。要达到预定目标，就必须集中所有的广告预算，以满足广告的总开支；但如果是分散开支的话，小额开支要比大额支出更合理。不管怎样，要集中使用广告预算！

回忆自己是如何支配市场和广告预算的。列举预算的分配方式（媒介选择、商务展示等）

_____

_____

如果你选择了一个或两个媒介来登出广告，那么你很有可能就是想用有限的广告预算来开展更多的业务。

优先考虑消费潜力最大的目标受众

对你而言，哪些目标受众是最有消费潜力的？

_____

_____

假如要你全力争取这些顾客，你该怎么做？

_____

_____

你有足够的市场预算来争取这些顾客吗？

_____有

_____没有

如果不能顺利地争取全部潜力客户，那就分散广告开支，争取部分最具消费潜力的客户。

你要如何才能争取到那一部分最具消费潜力的客户？

_____

_____

你有足够的市场预算来争取这一部分客户吗？

_____有

_____没有

假如没有的话，进一步分散开支，缩小客户范围。

继续集中开支，全力争取每一位具备消费潜力的顾客。反之，一旦集中开支去争取主要的消费者，那么接下来就要势必扩大开支争取第二位的主要消费者。因此，只有在集中开支争取到目标消费者后，才能扩大开支范围。

准则七：稳定执行

弱势广告客户有两种行为会直接影响广告的效用。第一，频繁改动广告策划，有些策划甚至刚执行一半就被喊停；第二，对同一受众大量传输不同的广告信息。这些都会损害广告的宣传效果。一旦选定一个值得自己信赖的广告策划，就要坚定不移地执行下去。

你多久改动一次广告策划？

_____一星期？　　　　_____半年？

_____一个月？　　　　_____一年？

_____一个季度？　　　　_____一年以上？

为什么改？_____

_____

_____

不要频繁地改动广告策划，总是去变更广告策划会：

● 损害广告宣传效果，阻碍消费者对广告信息形成的印象。

● 导致不必要的广告开支，这些开销本可以进一步起作用的。

● 使消费者混淆不明，导致原始广告信息无法顺利传达。

典型的弱势广告客户由于资金不足，会导致广告策划无法长期执行，有些甚至不到一年就被搁置了。

一个好的广告策划应该连续执行数年，不论开支状况如何变化也要持续执行。

准则八：展示价值

市场开发机构的工作不是出售商品和服务，他们要做的是为顾客创造价值。"价值"可以让你的产品比对手的更独特，也更优秀。

你是怎样为顾客创造价值的？

_____

_____

你的产品质量明显比对手强吗？

_____是的

_____不是

如果是的话，解释为什么比对手强：＿＿＿＿＿＿＿＿＿

＿＿＿＿＿＿＿＿＿＿＿＿＿＿＿＿＿＿＿＿＿＿＿＿＿

＿＿＿＿＿＿＿＿＿＿＿＿＿＿＿＿＿＿＿＿＿＿＿＿＿

你的产品和服务是否具备对手无法匹敌的独特魅力？

＿＿＿＿有

＿＿＿＿没有

如果有，请列举出来：＿＿＿＿＿＿＿＿＿＿＿＿＿＿

＿＿＿＿＿＿＿＿＿＿＿＿＿＿＿＿＿＿＿＿＿＿＿＿＿

＿＿＿＿＿＿＿＿＿＿＿＿＿＿＿＿＿＿＿＿＿＿＿＿＿

你的服务够快吗？

＿＿＿＿够快

＿＿＿＿不够快

如果够快，那你是怎么展示给顾客的？

＿＿＿＿＿＿＿＿＿＿＿＿＿＿＿＿＿＿＿＿＿＿＿＿＿

从贵公司订货是否简便？

＿＿＿＿够简便

＿＿＿＿不够简便

如果不够简便，你该怎么做才能让顾客简便订货呢？

_____

_____

你提供的产品保修期是不是比对手长？服务是不是比对手好？

　　_____是的

　　_____不是

假如是的话，你会用广告宣传它们吗？

　　_____会的

　　_____不会

你提供的送货速度够快吗？送货服务够好吗？

　　_____够快够好

　　_____不够快，也不够好

如果够快又够好，那你是怎么做到的？ _____

_____

_____

你周围的交通设施是否比对手便利？

　　_____是的

_____不是

你的产品跟对手相比，是否有压倒性的优势？

_____是的

_____不是

你的产品的哪些优势是对手无法匹敌的？ _____

_____

_____

_____

如果顾客跟你说："我到别家能买到更便宜的，为什么要到你家买呢？"你该怎么回应？

_____

_____

_____

_____

你最近都对产品做了哪些改进？ _____

_____

如何向顾客展示这些改进的部分？ _____

_____

_____

在顾客眼中，产品的价格和价值有什么关系？可能是下面的四种关系：

- 价值是廉价的
- 价值就是我想从产品和服务中得到的
- 价值是我花钱买来的品质
- 价值是我购物得到的满足

对弱势广告客户而言，平价销售显然不够好。所谓"万事皆有因果"，你的顾客之所以放心大胆地购买你对手的产品，无非是因为风险比较小而已。

准则九：速度惊人

速度

跟对手比，速度是弱势广告客户少有的优势之一。

你公司的策划决定和执行速度是不是都比对手快？

_____是

_____不是

你愿意迅速地决定并执行广告策划吗？

_____愿意

_____不愿意

贵公司的企业文化是否包含激励员工快速行动的一面？
_____包含
_____不包含

你的对手能迅速回应你的快节奏吗？
_____能
_____不能

有哪些市场项目的执行速度可以快过你的对手吗？_____
_____
_____

还有其他项目的执行速度快过对手的吗？_____
_____

惊人

由于弱势广告客户的市场活动经常被对手忽视，所以，那些让人意想不到的市场宣传和广告策划总能奇迹般地成功。

列举出可能被对手忽视、却够分量击败他们的市场行动___
_____
_____

这些被对手忽视的市场宣传能执行得够快吗？

　　＿＿＿＿＿能

　　＿＿＿＿＿不能

够隐蔽吗？

　　＿＿＿＿＿能

　　＿＿＿＿＿不能

要采取哪些措施确保你在行动中避免腹背受敌？＿＿＿＿＿＿

_____

_____

_____

你公司内部有哪些人或物会妨碍策划执行的保密性？＿＿＿＿＿

_____

_____

_____

准则十：耐心等待

　　一般情况下，弱势广告客户难以对消费习惯和顾客喜好的变化迅速作出回应。一个较低水准的广告策划会导致产品知名度建立的速度放缓；产品知名度建立的速度一慢，预期销售量增长的速度也会减慢；预期销售量增长缓慢，刺激执行的力度也就随之下降，因此，弱势广告客户耐心等待广告策划的执行就显得十分必要。

为了成功，你是否要求广告执行要速战速决？

_____是

_____不是

如果广告执行没达到你的要求，你会等多久再改变原计划？

_____

_____

_____

你有多大耐心？_____

_____

_____

附录二 强势广告品牌效应工作表

练习一：寻找目标受众

找出最具消费潜力的目标顾客，在中心环里写最佳消费潜力顾客，第二环写最具消费潜力顾客，以此类推。一定要认真严格！不符合基本标准的顾客一律淘汰！

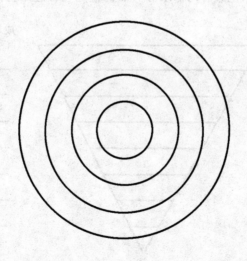

练习二：寻找优势战场

找出最具优势的战场，在倒金字塔图中，根据成功记录的大小，依次列出市场区域，再根据市场行情，估算出成功的可能性，以百分比形式填在倒金字塔的右侧。

练习三：寻找价值定向

找出你的价值定向，在左边的圆圈内列出你的产品可以满足顾客哪些需求，然后在右边的圆圈里列出产品带给顾客的益处，接下来把顾客的需求和产品的益处联合起来再给顾客提供

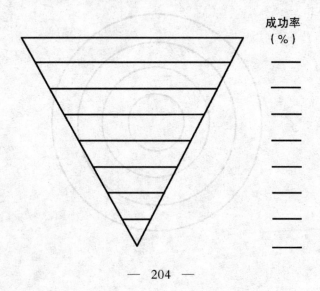

成功率
（％）

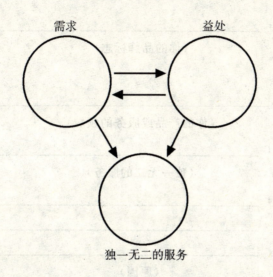

独一无二的服务

独一无二的服务，并将这些服务填入底部的圆圈中。

练习四：品牌定位陈述

现在就把前面三个联系的答案填写在下面的"品牌定位陈述表"中。第一行填最佳消费潜力顾客，第二行填你的产品名称，第三行填你的战场级别，第四行填你的产品独一无二的服务，最后一行填你能提供那些独一无二的服务的原因。由此得到的就是你的品牌定位陈述了。

致：_____

（目标受众）

如何战胜强大的对手

品牌：＿＿＿＿＿＿＿＿＿＿＿＿＿＿＿＿＿＿＿＿

（你的品牌标志）

是：＿＿＿＿＿＿＿＿＿＿＿＿＿＿＿＿＿＿＿＿＿

（你的产品或服务的领域）

提供：＿＿＿＿＿＿＿＿＿＿＿＿＿＿＿＿＿＿＿＿

（独一无二的服务）

因为：＿＿＿＿＿＿＿＿＿＿＿＿＿＿＿＿＿＿＿＿

＿＿＿＿＿＿＿＿＿＿＿＿＿＿＿＿＿＿＿＿＿＿＿＿

（原因）

再做个试验，把"品牌定位陈述表"中的目标受众换成其他的具备高消费潜力的顾客，看看你的品牌定位陈述是更强了还是更弱了？同样可以替换战场级别和独一无二服务，看看换了以后你的品牌效应是不是增强了？

练习五：品牌定位验证

如果你觉得自己的品牌定位已经达到最强化，那么我们最后做个测试，看看你的品牌定位陈述是否符合以下标准：

你的品牌可以满足特定顾客的需求吗？

＿＿＿＿＿可以

_____不可以

你的品牌对你的目标顾客意义大吗？
_____大
_____不大

你的品牌是原创的吗？（你是第一个用它做品牌的人吗？）
_____是的
_____不是

你对品牌拥有所有权了吗？（你是品牌的所有者吗？）
_____是（有）
_____不是（没有）

你能履行品牌的承诺吗？（公司能力与品牌效应是否吻合？）
_____能（相符）
_____不能（不相符）

你的品牌与公司的传统和声誉是否相符？
_____相符
_____不相符

你的品牌有生命力吗？（品牌可以持续多久？）

_____有

_____没有

这个品牌有优势吗？（它在国内外都有名吗？在各大媒体都有广告吗？有顾客接受了吗？）

_____有

_____没有

这个品牌是否获得了你公司的一致好评？

_____是

_____不是

如果以上九个答案都是肯定的，那么恭喜你，你的品牌战略大获成功！

致　谢

《如何战胜强大的对手》的研究和写作有赖于诸位同仁的鼎力帮助，其中三位更是居功至伟，特此致谢！

感谢 James T. Kindley 为《如何战胜强大的对手》一书贡献了始创灵感。作为老朋友、老客户，他第一个指出我们公司缺乏具体的市场策划，缺乏可行的广告准则，更没有合理的广告开支方案，在他的细心观察和积极鼓励下，《如何战胜强大的对手》十大准则才得以形成体系。

感谢前任合作伙伴 Anthony J. Fedele 帮助确认《如何战胜强大的对手》的准则并将此准则融入我公司的创意策划中。

感谢 Henry F. Lecoczyk 设计了基础品牌战略发展程序和强势品牌效应工作表，本书中描绘的大部分强势广告品牌效应都是他的杰作。

还要感谢其他的同事，他们的指导和建议为本书奠定了坚实的理论基础，我想我忘不了他们。他们就是：Nick Arend，Bob Bloom，Sam Bloom，Tom Haas，Ed Hinkley，Bill Hill，Rob McEnany，Steve Morelock，Aaron Pearlman，and Sam Smith。

最后，要感谢我的妻子爱伦，在过去的 30 多年的广告生涯

如何战胜强大的对手

中，她始终不渝地帮助我、支持我，不论过去、现在或是未来，她都是我的头号支柱、头号顾问。

保罗·弗劳尔斯